もくじと学習の記ろく

本書に関する最新情報は，当社ホームページにある**本書の「サポート情報」**をご覧ください。（開設していない場合もございます。）

2年のふく習《しゅう》①

月　日

答え⬇べっさつ1ページ

時間 30分　合かく 80点　とく点　点

1 次《つぎ》の――線の漢字《かんじ》の読み方を書きなさい。（16点／一つ2点）

(1) 強い風

(2) 長い電車

(3) 米と麦

(4) 汽船が走る。

2 次の――線の漢字の読み方を書きなさい。（10点／一つ1点）

(1) ぼくは、工作がすきだ。／おじさんは、大工さんだ。

(2) 外はとても寒《さむ》い。／外国語の勉強《べんきょう》。

(3) とてもおもしろい話。／友だちと会話する。

(4) 今週のよてい。／今はとてもいそがしい。

(5) 長い間、会えなかった。／やっと間に合った。

3 次の漢字と反対《はんたい》の意味《いみ》の漢字を書きなさい。（20点／一つ2点）

(1) 近↔□

(2) 多↔□

(3) 古↔□

(4) 太↔□

(5) 冬↔□

(6) 外↔□

(7) 子↔□

(8) 前↔□

(9) 強↔□

(10) 兄↔□

4 次のことに関係《かんけい》のある漢字を、それぞれ四つずつ書きなさい。（8点／一つ1点）

(1) 方角に関係のある漢字

(2) 体に関係のある漢字

5 次の漢字の筆順《ひつじゅん》で、正しいほうの記号《きごう》を○でかこみなさい。（5点／一つ1点）

(1) 何　ア ノ 亻 仁 仃 何 何 何　イ ノ 亻 仁 仁 佰 佰 何

(2) 馬　ア 一 厂 F 𫝀 𫝀 馬 馬 馬　イ 一 厂 F 𫝀 𫝀 馬 馬 馬

(3) 母　ア く 口 母 母 母　イ く 口 母 母 母

(4) 方　ア 、 亠 亠 方　イ 、 亠 ナ 方

(5) 画　ア 一 丅 丌 币 亩 画　イ 一 厂 币 币 亩 画

6 次の二通りの読み方をする漢字を、れい にならって書きなさい。（12点／一つ3点）

れい　ガク・たのしい　［楽］

(1) カ・うた　［　］

(2) バイ・うる　［　］

(3) ウン・くも　［　］

(4) キ・かえる　［　］

7 次の漢字を書きなさい。（24点／一つ2点）

(1) ［きょう］は［あさ］早く起《お》きた。

(2) ［とり］の［な］く声が聞こえる。

(3) ［きょうしつ］のそうじ［とうばん］です。

(4) ［さんすう］と［せいかつ］科がすきです。

(5) ［どよう］の［よる］に外出する。

(6) ［ちち］と［こうえん］へ行く。

8 次の漢字は何画で書きますか。数字で書きなさい。（5点／一つ1点）

(1) 組〔　　〕

(2) 道〔　　〕

(3) 家〔　　〕

(4) 場〔　　〕

(5) 池〔　　〕

2年のふく習《しゅう》②

月　日
時間 20分　合かく 80点
とく点　点
答え➡べっさつ1ページ

1 次《つぎ》の文中のかなづかいで、正しいほうを○でかこみなさい。(22点／一つ2点)

(1) { きのお ／ きのう }、{ ねえさん ／ ねいさん }と{ とうく ／ とおく }のお店{ へ ／ え }行きました。

(2) { こづつみ ／ こずつみ }の中には、{ かんずめ ／ かんづめ }が三しゅるい{ ずつ ／ づつ }入っていました。

(3) { おうかみ ／ おおかみ }の遠ぼえが、夜{ じゅう ／ ぢゅう }{ つづいて ／ つずいて }いたと{ いう ／ ゆう }ことです。

2 次の——線の言葉《ことば》と反対《はんたい》の意味《いみ》の言葉を、漢字《かんじ》と送《おく》りがなで書きなさい。(12点／一つ4点)

(1) 川を上る。
川を〔　　〕。

(2) 学校まで走る。
学校まで〔　　〕。

(3) へやのドアをおす。
へやのドアを〔　　〕。

3 次の文の——線部分《ぶぶん》の書き方が正しければ○を、まちがっていれば、正しく書き直しなさい。(28点／一つ2点)

(1) あめりか〔　　〕へ行くひこおき〔　　〕が、ごおごおと〔　　〕大きな音でとびたった。

(2) 父の新たらしい〔　　〕せえた〔　　〕あがちぢんだ〔　　〕。

(3) ほおちょう〔　　〕でにんじん〔　　〕を細まかく〔　　〕切った。

(4) そおじ〔　　〕は、ていねえ〔　　〕にしましょう。

(5) 星がぴかぴか〔　　〕と明かるく〔　　〕かがやく。

4 次の文中の〔　〕に入る言葉をあとからえらんで、記号《きごう》で書きなさい。(8点／一つ2点)

(1) 雨がふっ〔　〕遠足に行きます。

(2) ねつがある〔　〕学校を休みます。

(3) いい天気な〔　〕とても寒《さむ》い。

(4) このりんごは、形もいい〔　〕色もいい。

ア し　イ ても　ウ ので　エ のに

5 次の文中の〔　〕に入るつなぎ言葉をあとからえらんで、記号で書きなさい。(8点／一つ2点)

(1) 学校から帰って、勉強《べんきょう》をしました。〔　〕、妹といっしょに遊《あそ》びました。

(2) いっしょうけんめい練習《れんしゅう》しました。〔　〕、試合《しあい》には、勝《か》てませんでした。

(3) 海にもぐりました。〔　〕、自然《しぜん》と体がうき上がってきました。

(4) 今日は朝から大雨です。〔　〕、外には出ないで、本を読むことにしました。

ア だから　イ それから　ウ けれども　エ すると

6 次の言葉を、かたかなで書きなさい。(12点／一つ2点)

(1) へりこぷたあ〔　〕

(2) ちゃいむ〔　〕

(3) ほっとけえき〔　〕

(4) いんたあねっと〔　〕

(5) ちょこれえと〔　〕

(6) そふとくりいむ〔　〕

7 次の文の——線部分を、正しく書き直しなさい。(10点／一つ2点)

(1) 兄があめをめし上がった。〔　〕

(2) 今、母はおられません。〔　〕

(3) きのう、雨がふります。〔　〕

(4) 明日の遠足は、きっと楽しいです。〔　〕

(5) ぼくは、おじさんからおつかいをたのみました。〔　〕

2年のふく習《しゅう》③

月　日

答え⬇べっさつ1ページ

時間 25分　合かく 75点

とく点　点

1 次《つぎ》の文章《ぶんしょう》を読んで、あとの問《と》いに答えなさい。

〔子りすのゆらは、十一ぴき兄弟のすえっ子でした。みんなが相手《あいて》にしてくれないので、家出をしました。〕

そのとき、遠くで、「ゆら！」とさけぶ声がしました。お母さんの声です。

お母さんは、大きなバスケットをぶらさげていました。かけてきたらしくて、息《いき》を、はあはあさせていました。

「ゆら。まだいたのね。間に合ってよかった！」

それを聞いたとたん、ゆらはお母さんのむねにとびこんで、声を上げてなきだしました。

「お母さん……みんな……あたしの……こと……じゃまなの……いなくたって……いいの……。」

「ゆら。そんなことないわ。」

お母さんが、ゆらの頭をなでていいました。

（わたり　むつこ「ゆらはすえっ子」）

(1) お母さんが、急《いそ》いでゆらをさがしにきたことがわかる文を一つ見つけて、ぬき出しなさい。（10点）

〔　　　　〕

(2) 「それを聞いたとたん」の「それ」とは、何を指《さ》しますか。文中からぬき出しなさい。（10点）

〔　　　　〕

(3) ゆらが言った言葉《ことば》を見つけて、はじめの五字を書きなさい。（符号《ふごう》もふくみます。）（10点）

□□□□□

(4) 「そんなことないわ」とは、どんな意味《いみ》ですか。次からえらんで、記号《きごう》で書きなさい。（10点）

ア みんな、少しだけあなたがじゃまなのよ。

イ みんな、あなたをじゃまに思ってないわ。

ウ みんな、あなたがいないとさびしいのよ。

〔　　　　〕

2 次の文章を読んで、あとの問いに答えなさい。

わたしたちは、うれしいときや楽しいときはえがおになったり、こまったときやおこったときにはしかめっつらをしますね。人間がいろいろな顔をつくれるのは、顔のきんにくがとてもよくはったつしているからです。

イヌやネコは、うれしくてもえがおをつくることはできません。ですから、ちがうやりかたで気持《きも》ちをつたえるのです。

イヌは、かいぬしが外から帰ってくると、しっぽをふってむかえます。①これは、帰ってきてくれてうれしいというサインです。

ネコがのどをごろごろと鳴らすのは、ごはんをあげたときや、なでているときですよね。ですから、②これもうれしいときのサインなのです。おそろしいライオンやトラもネコのなかまなので、うれしいときにはのどをごろごろと鳴らします。

このように動物《どうぶつ》たちにも、自分の気持ちをつたえるいろいろのサインがあります。

（久道《ひさみち》　健三《けんぞう》「かがくなぜどうして　二年生」）

---

(1) イヌやネコは、「ちがうやりかたで気持ちをつたえる」とありますが、そのことを具体的《ぐたいてき》に説明《せつめい》している段落《だんらく》を二つ見つけて、それぞれのはじめの五字を書きなさい。（20点／一つ10点）

・□□□□□
・□□□□□

(2) ——線①・②の「これ」は、それぞれ何を指《さ》していますか。（20点／一つ10点）

①〔　　　〕
②〔　　　〕

(3) この文章で全体《ぜんたい》をまとめているのは、どの段落ですか。はじめの五字を書きなさい。（10点）

□□□□□

(4) 次の文は、この文章の内ようをまとめたものです。〔　〕にあてはまる言葉を書きなさい。（10点／一つ5点）

人間だけでなく、〔　　　〕たちにも、自分の気持ちをつたえるいろいろの〔　　　〕がある。

1 漢字《かんじ》の読み方

学習のねらい

読みまちがいのないように気をつけます。また、読めているのに、かなづかいをまちがえるというようなことのないように注意《ちゅうい》します。

月　日

答え➡べっさつ2ページ

STEP 1 ステップ1

1 次《つぎ》の漢字《かんじ》の読み方を書きなさい。

(1) 安全〔　　〕
(2) 地面〔　　〕
(3) 球根〔　　〕
(4) 暗記〔　　〕
(5) 物語〔　　〕
(6) 道路〔　　〕
(7) 速度〔　　〕
(8) 遊具〔　　〕
(9) 発見〔　　〕
(10) 急流〔　　〕
(11) 駅前〔　　〕
(12) 鼻水〔　　〕
(13) 所有〔　　〕
(14) 海岸〔　　〕
(15) 世界〔　　〕
(16) 指名〔　　〕
(17) 勝負〔　　〕
(18) 放送〔　　〕
(19) 主人〔　　〕
(20) 研究〔　　〕
(21) 学期〔　　〕
(22) 石油〔　　〕
(23) 長短〔　　〕
(24) 家庭〔　　〕
(25) 開店〔　　〕
(26) 荷物〔　　〕
(27) 黒板〔　　〕
(28) 感想〔　　〕
(29) 大皿〔　　〕
(30) 集合〔　　〕

2 次の漢字の読み方を書きなさい。

(1) 曲〔　　〕がる
(2) 起〔　　〕きる
(3) 放〔　　〕す
(4) 苦〔　　〕しむ
(5) 向〔　　〕かう
(6) 急〔　　〕ぐ
(7) 祭〔　　〕り
(8) 動〔　　〕く
(9) 整〔　　〕える
(10) 練〔　　〕る
(11) 申〔　　〕す
(12) 死〔　　〕ぬ
(13) 決〔　　〕める
(14) 深〔　　〕い
(15) 注〔　　〕ぐ
(16) 守〔　　〕る
(17) 助〔　　〕ける
(18) 実〔　　〕る

たいせつ

3 次の――線の漢字の読み方を書きなさい。

(1) 平和（　　） 平泳ぎ（　　） 平等（　　）

(2) 神様（　　） 神社（　　） 神話（　　）

(3) 京の都（　　） 都合（　　） 首都（　　）

4 次の漢字の読み方の正しいほうに、○をつけなさい。

(1) 定数　ア（　）ていすう　イ（　）じょうすう

(2) 生息　ア（　）せいいき　イ（　）せいそく

(3) 由来　ア（　）ゆらい　イ（　）ゆうらい

(4) 交代　ア（　）こうだい　イ（　）こうたい

(5) 屋上　ア（　）やねうえ　イ（　）おくじょう

(6) 指図　ア（　）さしず　イ（　）しず

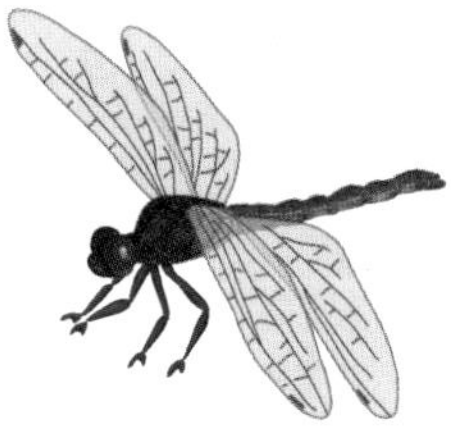

5 次の□に漢字を入れて、漢字のしりとりをかんせいさせなさい。

(1) 注意―意□―□□

(2) 前進―進□―□□

(3) 合宿―宿□―□□

(4) 写真―真□―□□

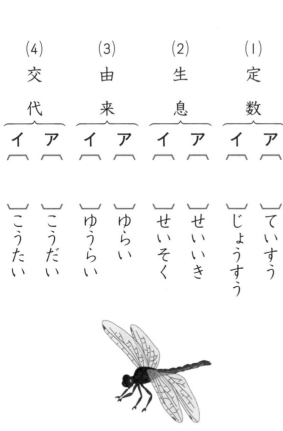

ステップ2

時間25分 合かく80点 とく点 点

月 日

答え⬇べっさつ2ページ

1 次《つぎ》の漢字《かんじ》の読み方を書きなさい。（20点／一つ2点）

(1) 代理〔　〕 (2) 委員〔　〕 (3) 湯気〔　〕
(4) 植物〔　〕 (5) 味方〔　〕 (6) 苦心〔　〕
(7) 道具〔　〕 (8) 使用〔　〕 (9) 仕事〔　〕
(10) 汽笛〔　〕

2 次の漢字の読み方を書きなさい。（20点／一つ2点）

(1) 拾〔　〕う (2) 温〔　〕かい
(3) 去〔　〕る (4) 配〔　〕る
(5) 幸〔　〕せ (6) 飲〔　〕む
(7) 重〔　〕ねる (8) 写〔　〕す
(9) 指〔　〕す (10) 等〔　〕しい

3 次の漢字の読み方の正しいほうをえらんで、記《き》号《ごう》で書きなさい。（10点／一つ2点）

(1) 登山（ア とうざん　イ とざん）〔　〕
(2) 相手（ア そうて　イ あいて）〔　〕
(3) 悪友（ア わるゆう　イ あくゆう）〔　〕
(4) 今年（ア いまとし　イ ことし）〔　〕
(5) 部屋（ア へや　イ ぶおく）〔　〕

たいせつ

4 形のにた漢字が二つずつならべてあります。それぞれの読み方を書きなさい。（12点／一つ1点）

(1) 住〔　〕む　注〔　〕ぐ
(2) 送〔　〕る　速〔　〕い
(3) 待〔　〕つ　持〔　〕つ
(4) 軽〔　〕い　転〔　〕ぶ

(5) 開〔　〕く　問〔　〕う

(6) 追〔　〕う　運〔　〕ぶ

たいせつ 5 次の漢字の読み方を書きなさい。（16点／一つ1点）

(1) 定〔　〕める　決定〔　〕

(2) 終〔　〕える　終点〔　〕

(3) 落〔　〕ちる　落石〔　〕

(4) 着〔　〕く　着地〔　〕

(5) 始〔　〕める　開始〔　〕

(6) 投〔　〕げる　投球〔　〕

(7) 消〔　〕す　消火〔　〕

(8) 習〔　〕う　練習〔　〕

6 次の文の——線の漢字の読み方を書きなさい。（22点／一つ2点）

(1) 次の文化祭〔　〕の出し物《もの》について、先生に相談〔　〕しました。

(2) 赤十字〔　〕のはたは白地〔　〕に赤の十字で、スイスの国のはたは、その反対〔　〕の赤地に白の十字です。

(3) 体育〔　〕のとき、体を大きく後ろへ反〔　〕らす運動《うんどう》を何回もしました。

(4) 今日の水泳大会〔　〕は、とても調子〔　〕がよく、気持ちよく泳〔　〕ぐことができました。

(5) 汽車は鉄橋〔　〕をこえて、北へ北へと走ります。

2 漢字《かんじ》の書き方（書き取《と》り・筆順《ひつじゅん》・画数）

学習のねらい

三年では学習《がくしゅう》する漢字の数がふえてきます。漢字の使《つか》い分けや送《おく》りがな、筆順・画数などもしっかり身《み》につけるようにします。

月　日

答え⬇べっさつ3ページ

ステップ1

1 次の漢字《かんじ》を書きなさい。

(1) けんきゅう
(2) ようふく
(3) いしゃ
(4) すいぞくかん
(5) きょねん
(6) やくしょ
(7) たいじゅう
(8) きんこ
(9) むかしばなし
(10) でんちゅう
(11) へんぴん
(12) じてんしゃ

たいせつ

2 次の――線の言葉《ことば》を、漢字と送《おく》りがなで書きなさい。

(1)
㋐ 父と山にのぼる。〔　〕
㋑ 坂道《さかみち》をのぼる。〔　〕

(2)
㋐ まどをあける。〔　〕
㋑ 家をあける。〔　〕
㋒ 夜があける。〔　〕

(3)
㋐ 馬は走るのがはやい。〔　〕
㋑ 母は朝起《お》きるのがはやい。〔　〕

3 次の漢字の筆順《ひつじゅん》で、正しいほうの記号《きごう》を○でかこみなさい。

(1) 区
ア 一 匚 匸 区
イ 一 ㇇ ヌ 区

(2) 世

ア 一 十 廾 廿 世

イ 一 七 廿 世 世

(3) 注

ア 冫 氵 氵 氵 汁 注

イ 冫 氵 氵 汁 汻 注

4 次の漢字の画数を〔　〕に数字で書き、筆順のうち、正しいものの記号を○でかこみなさい。

(1) 級〔　　〕画

ア 幺 糸 糸 紉 級 級

イ 幺 糸 糸 糸 級 級

ウ 幺 糸 糸 糸 級 級

(2) 遊〔　　〕画

ア ナ 方 方 斿 斿 遊

イ 亠 方 方 斿 斿 遊

ウ 辶 辶 辶 遊 遊

(3) 発〔　　〕画

ア ヲ 癶 癶 癶 癶 発

イ ヲ 癶 癶 発 発 発

ウ ヲ 癶 癶 癶 癶 発

---

5 次の漢字の画数を、数字で書きなさい。

(1) 院〔　　〕画

(2) 第〔　　〕画

(3) 美〔　　〕画

(4) 泳〔　　〕画

6 次の文の――線の言葉を漢字で書くとき、どちらが正しいですか。記号を○でかこみなさい。

(1) 今日は朝からたいちょう｛ア 体調　イ 体丁｝がよくない。

(2) わたしは、どうわ｛ア 童話　イ 動話｝の本がすきだ。

(3) 日直を山下さんとこうたい｛ア 交待　イ 交代｝してもらった。

(4) 読書かんそう｛ア 感想　イ 感相｝文を書くのは、苦手《にがて》だ。

ステップ2

答え⬇べっさつ3ページ

月　日

時間 30分　合かく 70点　とく点　　点

たいせつ

1 筆順《ひつじゅん》が正しいほうの記号《きごう》を、○でかこみなさい。（16点／一つ2点）

(1) 医　ア 一 丆 三 矢 医　イ 一 匚 匸 巨 医

(2) 重　ア 二 亓 亩 重 重 重　イ 二 亓 亩 亩 亘 重

(3) 感　ア 厂 厂 厂 咸 咸 感　イ 厂 戊 戊 戊 咸 感

(4) 起　ア 己 圮 起 起 起　イ 十 丰 走 起 起

(5) 究　ア 宀 穴 究 究　イ 宀 穴 穸 究

(6) 取　ア 一 丅 巨 耳 取　イ 一 丅 丌 耳 取

(7) 送　ア ソ 丷 䒑 关 送　イ 辶 辶 辶 送 送

(8) 集　ア 亻 亻 仁 什 隹 集　イ 亻 亻 仁 隹 隹 集

---

2 次《つぎ》の文の――線部分《ぶぶん》を二通りの漢字《かんじ》で書き、それぞれ意味《いみ》のちがう文にしなさい。（8点／一つ1点）

(1) きれいなはです。

(2) 人形にはなをつける。

(3) あの人のしは、人々を動《うご》かした。

(4) ひに当たると、あたたかい。

3 次の□に、それぞれ同じ漢字を書きなさい。（8点／一つ1点）

(1) ㋐ 自分自□　㋑ □の回り

(2) ㋐ 妹を心□する。　㋑ おかしを□る。

(3) ㋐ □さをはかる。　㋑ □夜に帰る。

(4) ㋐ 角を□がる。　㋑ 有名《ゆうめい》な作□家

4 次の言葉《ことば》を、漢字と送《おく》りがなで書きなさい。（8点／一つ2点）

(1) ならう〔　　〕

(2) うける〔　　〕

(3) みじかい〔　　〕

(4) かなしい〔　　〕

5 次の漢字を書きなさい。（36点／一つ2点）

(1) □□《すいえい》せん手

(2) □□《しょうわ》生まれ

(3) □□《ちゅうおう》出口

(4) □□《もんだい》を読む。

(5) □《はこ》を開《あ》ける。

(6) □□《しょうてん》がい

(7) □□《じょうしゃ》する。

(8) ごみを□《ひろ》う。

(9) □□《おんど》が高い。

(10) 母の□□《よこがお》

(11) □□《みどりいろ》のはた

(12) □□《いけん》を言う。

(13) あとを□《お》う。

(14) □《まめ》を食べる。

(15) □□《おおなみ》が来る。

(16) 池に魚を□《はな》す。

(17) □□《りょこう》の計画

(18) □《たい》らな地面《じめん》

6 次の――線部分を漢字で書きなさい。（24点／一つ2点）

(1) 父は㋐びょうきで、㋑おさけをひかえている。

(2) ㋒さらと㋓ちの漢字は、よくにている。

(3) ㋔かぞくの㋕しゃしんを㋖せいりする。

(4) 開会式《かいかいしき》では、㋗にれつになって㋘こうしんする。

(5) ㋙せかい一㋚大きな㋛みずうみをしらべる。

㋐□□　㋑□　㋒□　㋓□

㋔□□　㋕□□　㋖□□

㋗□□　㋘□□　㋙□□

㋚□　㋛□

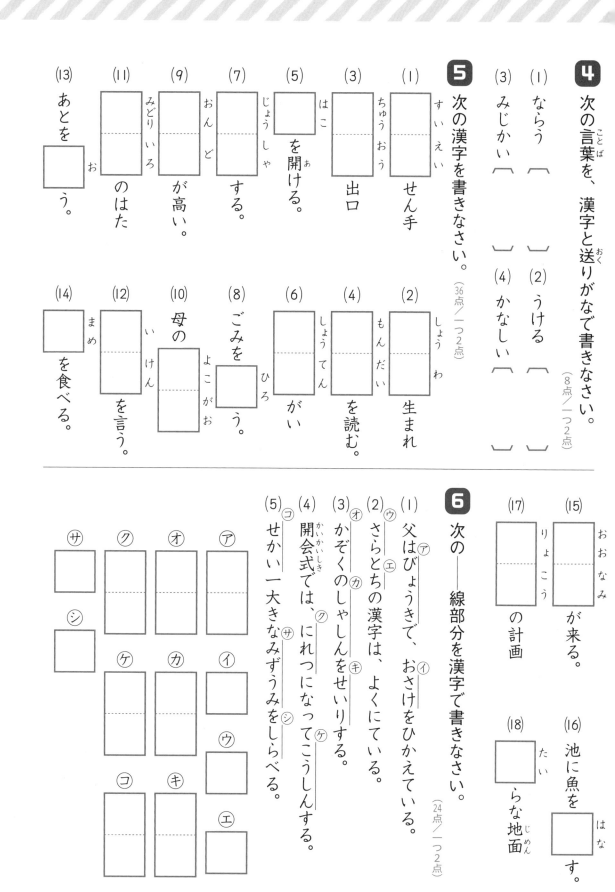

月　日

答え⬇べっさつ?ページ

時間 30分　合かく 70点　とく点　点

たいせつ

1 次《つぎ》の——線部分《ぶぶん》の漢字《かんじ》の読み方を、それぞれ書きなさい。（16点／一つ1点）

(1)
㋐ 店を開ける。〔　　〕
㋑ 箱《はこ》を開く。〔　　〕

(2)
㋐ 駅《えき》に着く。〔　　〕
㋑ 服《ふく》を着る。〔　　〕

(3)
㋐ 日本は島国だ。〔　　〕
㋑ 伊《い》豆《ず》半島〔　　〕

(4)
㋐ 火が消える。〔　　〕
㋑ 字を消す。〔　　〕

(5)
㋐ 店の主人〔　　〕
㋑ 地主に会う。〔　　〕

(6)
㋐ 苦い薬《くすり》〔　　〕
㋑ 生活が苦しい。〔　　〕

(7)
㋐ やけどを負う。〔　　〕
㋑ 試合《しあい》に負ける。〔　　〕

(8)
㋐ 電柱にぶつかる。〔　　〕
㋑ 大きな柱時計〔　　〕

2 次の漢字の読み方を書きなさい。（10点／一つ1点）

(1) 車両〔　　〕
(2) 空港〔　　〕
(3) 筆者〔　　〕
(4) 農業〔　　〕
(5) 八百屋〔　　〕
(6) 手帳〔　　〕
(7) 羊毛〔　　〕
(8) 世間〔　　〕
(9) 朝礼〔　　〕
(10) 秒速〔　　〕

3 次の漢字の赤字の部分は、何画目に書きますか。数字で書きなさい。（6点／一つ1点）

(1) 筆〔　　〕画目
(2) 乗〔　　〕画目
(3) 身〔　　〕画目
(4) 悪〔　　〕画目
(5) 祭〔　　〕画目
(6) 歯〔　　〕画目

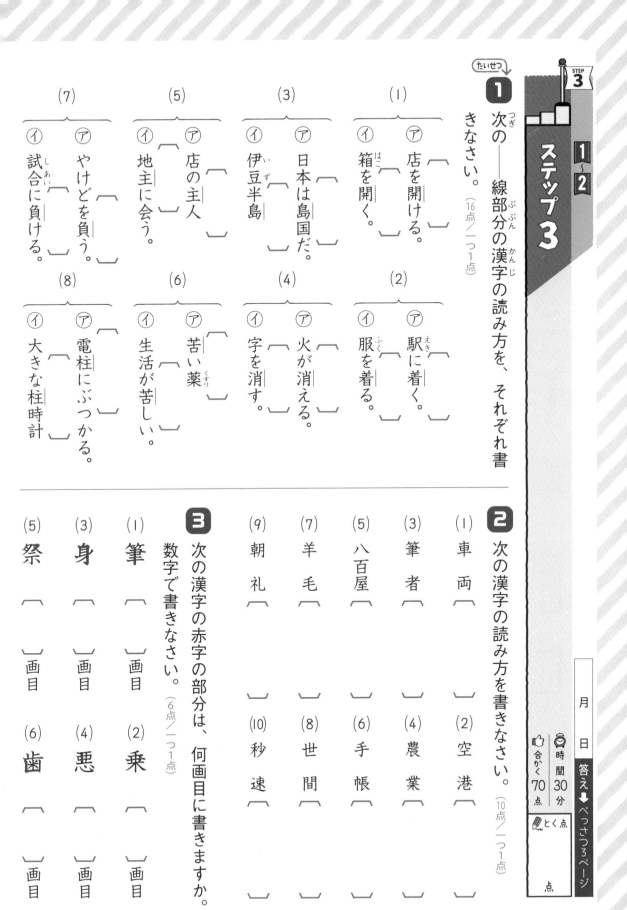

4 次の漢字を書きなさい。(32点／一つ2点)

(1) ［せいり］せいとん

(2) ［しんぶんきじ］

(3) ［もんだいしゅう］

(4) ［きゅうしゅうりょこう］

(5) ［おんどけい］

(6) ［あつ］さ・［さむ］さ

(7) ［がくしゅうがかり］

(8) ［きゅうこうれっしゃ］

(9) ［ほどうきょう］

(10) ［うんそうがいしゃ］

(11) ［たいいくかん］

(12) ［とうきょうと］

(13) ［つうがくろ］

(14) ［こうこうやきゅう］

(15) ［ぎんこう］

(16) ［いいんかい］

---

5 次の言葉《ことば》を、漢字と送《おく》りがなで書きなさい。(12点／一つ3点)

(1) なげる〔　　〕

(2) うつくしい〔　　〕

(3) おきる〔　　〕

(4) しあわせ〔　　〕

6 次の漢字の読み方を書きなさい。(8点／一つ2点)

(1) 上等〔　　〕

(2) 今朝〔　　〕

(3) 横転〔　　〕

(4) 薬局〔　　〕

7 次の文に使《つか》われている漢字には、まちがいがあります。まちがっている漢字に――線を引き、右がわに正しく書き直しなさい。(16点／一つ2点)

(1) このビルの五回入口《ごかいいりぐち》で持《ま》っています。

(2) 開仕時間《かいしじかん》には、住意《ちゅうい》しましょう。

(3) 倍屋《へや》に洋光《ようこう》がさし、あたたかい。

(4) 二回表《にかいおもて》に先守点《せんしゅてん》をとった。

(5) この本《ほん》は予相外《よそうがい》におもしろかった。

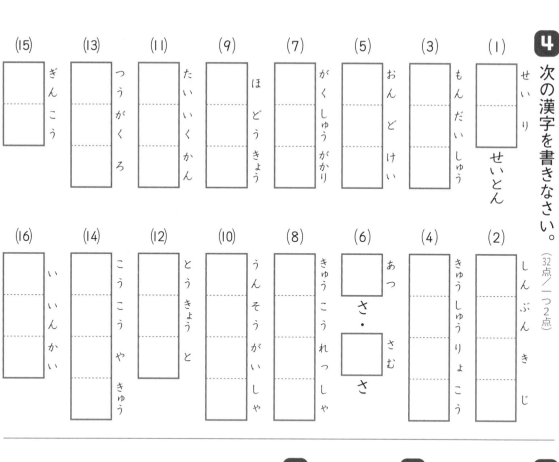

3 漢字《かんじ》の組み立て（部首《ぶしゅ》）

学習のねらい

漢字の部首や、部首のしゅるいについてりかいを深《ふか》めます。部首は、辞典《じてん》を引くときや漢字をおぼえるときに大切な手がかりになります。

月　日

答え⬇べっさつ4ページ

ステップ1

1 次《つぎ》の(1)〜(5)の漢字《かんじ》の中で、共通《きょうつう》している部分《ぶぶん》をぬき出し、その名前をあとからえらんで、記号《きごう》で書きなさい。

れい	絵	級	紙	糸	ア
(1)	定	守	安		
(2)	雪	電	雲		
(3)	秋	科	秒		
(4)	教	数	放		
(5)	柱	板	林		

ア いとへん　**イ** うかんむり　**ウ** きへん
エ たけかんむり　**オ** のぶん　**カ** のぎへん
キ あめかんむり　**ク** ぎょうにんべん

2 次の漢字の部首《ぶしゅ》の名前は何といいますか。正しいほうの記号を○でかこみなさい。

(1) 係…亻　**ア** ぎょうにんべん　**イ** にんべん

(2) 列…刂　**ア** りっしんべん　**イ** りっとう

(3) 園…囗　**ア** くにづくり　**イ** くにがまえ

(4) 庭…广　**ア** まだれ　**イ** がんだれ

(5) 投…扌　**ア** てへん　**イ** つちへん

(6) 都…阝　**ア** こざとへん　**イ** おおざと

たいせつ

3 次の部首について、その名前をⒶから、その部首のもつ意味《いみ》はⒷからえらんで、それぞれ記号で書きなさい。

名前　意味

(1) 言…〔　・　〕

(2) 辶…〔　・　〕

(3) 頁…〔　・　〕

(4) ネ…〔　・　〕

(5) 艹…〔　・　〕

(6) 氵…〔　・　〕

Ⓐ **ア** くさかんむり　**イ** ころもへん　**ウ** ごんべん　**エ** おおがい　**オ** さんずい　**カ** しんにょう　**キ** しめすへん

Ⓑ ㋐ 神《かみ》　㋑ 植物《しょくぶつ》　㋒ 言葉《ことば》　㋓ 水　㋔ 道を行く　㋕ 着物《きもの》　㋖ 頭

4 次の部首について書かれている文で、正しいものには○を、まちがっているものには×を書きなさい。

(1) 辞典《じてん》では、「家」と「空」の漢字は、「宀」(うかんむり)のところに入っている。〔　〕

(2) 辞典では、「聞」の漢字は、「門」(もんがまえ)のところに入っている。〔　〕

(3) 辞典では、「学」の漢字は、「子」(こ)のところに入っている。〔　〕

(4) 「糸」(いとへん)の画数は、8画である。〔　〕

(5) 漢字は、いくつかの部分からできている。右がわの部分を「へん」、左がわの部分を「つくり」という。また、漢字の上の部分は「かんむり」という。〔　〕

ステップ2

1 たいせつ
次《つぎ》の部首《ぶしゅ》の名前を書き、その部首をもつ漢字《かんじ》を三つずつ書きなさい。(16点／一つ1点)

(1) 扌〔　　〕□□□
(2) 口〔　　〕□□□
(3) 辶〔　　〕□□□
(4) 宀〔　　〕□□□

2 あとの□の部首を、次の七つのしゅるいに分けて書きなさい。(14点／一つ1点)

(1) へん〔　　〕 (2) つくり〔　　〕 (3) かんむり〔　　〕
(4) あし〔　　〕 (5) にょう〔　　〕 (6) たれ〔　　〕
(7) かまえ〔　　〕

广	方
⺮	冂
刂	斤
攵	灬
亠	辶
門	口
忄	疒

3 次の部首について書かれている文で、正しいものには○を、まちがっているものには×を書きなさい。(8点／一つ2点)

(1)「木」の上に「ノ」がついたものを、「のぎへん」という。〔　　〕
(2)「投」の漢字の部首は「殳」で、「るまた」という。〔　　〕
(3) 部首で「にょう」とは、「しんにょう」しかない。〔　　〕
(4)「忄」は「りっしんべん」といい、刀の意味《いみ》がある。〔　　〕

4 次の漢字の部首のうち、「しめすへん」には○、「のぶん」には×、「がんだれ」には△を書きなさい。(6点／一つ2点)

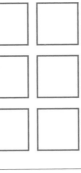

(1) 和〔　　〕　(2) 教〔　　〕　(3) 原〔　　〕
(4) 歌〔　　〕　(5) 庫〔　　〕　(6) 社〔　　〕

5 次の部首をもつ漢字を書きなさい。（26点／一つ2点）

(1) 水に関係《かんけい》のある「氵」のつく漢字を五つ。
□□□□□

(2) 言葉《ことば》に関係のある「言」のつく漢字を四つ。
□□□□

(3) 植物《しょくぶつ》に関係のある「艹」のつく漢字を四つ。
□□□□

6 次の漢字の部首と部首の名前を書きなさい。（20点／一つ2点）

	部首	名前
(1) 顔…	□	〔　　〕
(2) 空…	□	〔　　〕
(3) 都…	□	〔　　〕
(4) 問…	□	〔　　〕
(5) 荷…	□	〔　　〕

7 次の言葉の——線の部分を漢字で書くとき、その部首はあとのどれになりますか。れいにならって、記号《きごう》で書きなさい。（10点／一つ1点）

れい　でんわ〔 キ 〕（電話）

(1) おくる〔　　〕〔　　〕　(2) よそう〔　　〕〔　　〕
(3) ひらく〔　　〕〔　　〕　(4) うしろ〔　　〕〔　　〕
(5) ひろう〔　　〕〔　　〕　(6) でんちゅう〔　　〕〔　　〕
(7) しんぶん〔　　〕〔　　〕　(8) びょうそく〔　　〕〔　　〕
(9) ゆきぐに〔　　〕〔　　〕　(10) やくひん〔　　〕〔　　〕

ア のぎへん　イ くさかんむり　ウ てへん
エ もんがまえ　オ しんにょう　カ みみ
キ あめかんむり　ク きへん　ケ さんずい
コ こころ　サ ぎょうにんべん

4 漢字《かんじ》の音と訓《くん》

学習のねらい

漢字の「音読み」と「訓読み」を知り、一つの漢字のもついろいろな読み方をおぼえます。「訓読み」では、送りがなのちがいで読み方や意味《いみ》がことなるので注意《ちゅうい》します。

月　日

答え⬇べっさつ5ページ

STEP 1 ステップ1

1 次《つぎ》の文章《ぶんしょう》を読んで、あとの問《と》いに答えなさい。

漢字《かんじ》は、今からおよそ一六〇〇年ほど前、となりの中国からつたわってきました。そのとき、漢字といっしょに中国からつたわった読みを「音」(おん)といいます。

山 ｛サン／やま｝

「山」を「サン」と読むのが「音」で、「やま」と読むのが「訓」(くん)です。「訓」というのは、日本に昔《むかし》からあった言葉《ことば》をあてた読みです。ふつう、「音読《おんよ》み」は、なんとなく、かたく強い感《かん》じがしますが、「訓読《くん》み」はやわらかく、やさしい感じがします。

(1) 次の表《ひょう》をかんせいさせなさい。

	どんな読みか	どんな感じか
音読み	①	②
訓読み	③	④

(2) 次の漢字の「音読み」には○、「訓読み」には△を書きなさい。

① 葉　㋐ は〔　〕　㋑ よう〔　〕

② 湖　㋐ こ〔　〕　㋑ みずうみ〔　〕

③ 薬　㋐ くすり〔　〕　㋑ やく〔　〕

④ 湯　㋐ とう〔　〕　㋑ ゆ〔　〕

2 次の漢字の右がわには音読み（かたかな）を、左がわには訓読み（ひらがな）を書き、訓読みの送《おく》りがなには――線を引きなさい。

れい 集　シュウ　〔あつまる〕

(1) 遊　ユウ　〔　　〕
(2) 橋　〔　　〕　はし
(3) 短　タン　〔　　〕
(4) 配　〔　　〕　くばる
(5) 泳　エイ　〔　　〕
(6) 育　〔　　〕　そだつ
(7) 急　キュウ　〔　　〕
(8) 起　〔　　〕　おきる
(9) 根　コン　〔　　〕
(10) 送　〔　　〕　おくる
(11) 皮　ヒ　〔　　〕
(12) 味　〔　　〕　あじわう
(13) 等　トウ　〔　　〕
(14) 笛　〔　　〕　ふえ

3 次の文の――線の言葉は、漢字の音読みと訓読みのどちらで読めばよいですか。音読みには「音」、訓読みには「訓」と書きなさい。

(1) となりの家㋐から、きれいな歌㋑声㋒が聞こえる。
(2) 服㋓のサイズが合わないので、返㋔品㋕する。
(3) 読み終《お》わったら、本㋖箱㋗にしまいなさい。

㋐〔　　〕　㋑〔　　〕　㋒〔　　〕　㋓〔　　〕
㋔〔　　〕　㋕〔　　〕　㋖〔　　〕　㋗〔　　〕

4 次の漢字の読みを、音読みはかたかなで、訓読みはひらがなで書きなさい。

(1) 上　〔　　〕〔　　〕がる〔　　〕〔　　〕る〔　　〕
(2) 下　〔　　〕〔　　〕がる〔　　〕〔　　〕る〔　　〕りる

ステップ 2

月　日

答え⬇べっさつ5ページ

時間 30分　合かく 70点　とく点　点

1 れいにならって、次《つぎ》の――線の漢字《かんじ》の読み方を書きなさい。（20点／一つ1点）

れい　運動〔ウン〕　運ぶ〔はこ〕

(1) 合宿〔　〕　宿る〔　〕

(2) 決勝〔　〕　決める〔　〕

(3) 方向〔　〕　向かう〔　〕

(4) 重体〔　〕　重ね着〔　〕

(5) 全体〔　〕　全く〔　〕

(6) 主人公〔　〕　地主〔　〕

(7) 助言〔　〕　助ける〔　〕

(8) 海岸〔　〕　岸べ〔　〕

(9) 指名〔　〕　親指〔　〕

(10) 勝負〔　〕　負ける〔　〕

たいせつ

2 次の漢字の二通りの訓読《くんよ》みを書きなさい。（18点／一つ1点）

(1) 教　〔　〕える　〔　〕わる

(2) 行　〔　〕く　〔　〕う

(3) 細　〔　〕い　〔　〕かい

(4) 幸　〔　〕い　〔　〕せ

(5) 消　〔　〕す　〔　〕える

(6) 着　〔　〕る　〔　〕く

(7) 直　〔　〕ちに　〔　〕る

(8) 苦　〔　〕しい　〔　〕い

(9) 生　〔　〕きる　〔　〕える

3 読み方の正しいほうの記号《きごう》を、○でかこみなさい。（12点／一つ3点）

(1) 田畑｛ア たはたけ　イ たはた｝の仕事｛ア しごと　イ しじ｝。

(2) 酒屋〔ア さかや　イ さけや〕に雨具〔ア あめぐ　イ あまぐ〕をわすれる。

4 次の漢字の中で、音読みが同じものが二つずつあります。記号で書きなさい。(12点／一つ2点)

ア 帳　イ 安　ウ 庭　エ 取　オ 幸
カ 深　キ 港　ク 真　ケ 暗　コ 定
サ 調　シ 守

〔　と　〕〔　と　〕〔　と　〕〔　と　〕
〔　と　〕〔　と　〕

5 次の言葉《ことば》の読み方の正しいものの記号を、○でかこみなさい。(18点／一つ2点)

(1) 有名〔ア ゆうめい　イ ありな　ウ ゆうな〕
(2) 去年〔ア らいねん　イ こねん　ウ きょねん〕
(3) 台所〔ア だいどころ　イ だいしょ　ウ たいしょ〕
(4) 大豆〔ア だいとう　イ おおまめ　ウ だいず〕
(5) 大工〔ア たいこう　イ だいく　ウ だいこう〕
(6) 市場〔ア しば　イ いちじょう　ウ いちば〕
(7) 荷物〔ア にもつ　イ にもの　ウ にぶつ〕
(8) 外野〔ア そとの　イ がいや　ウ がいの〕
(9) 問屋〔ア とうや　イ とんや　ウ もんか〕

6 次の言葉の読み方を書き、音読みか訓読みかをあとからえらんで、記号で書きなさい。(20点／一つ2点)

れい 世間（せけん）〔ア〕

(1) 新茶（　）〔　〕
(2) 係員（　）〔　〕
(3) 苦手（　）〔　〕
(4) 鉄道（　）〔　〕
(5) 味方（　）〔　〕

ア 上も下も音読み　イ 上が音読み、下が訓読み
ウ 上も下も訓読み　エ 上が訓読み、下が音読み

ステップ3

3〜4

月　日

答え⬇べっさつ6ページ

時間 30分
合かく 70点
とく点　点

1 次《つぎ》の部首《ぶしゅ》の名前を書き、その部首をもつ漢字《かんじ》を、□の数だけ書きなさい。（40点／一つ1点）

(1) 木〔　　〕□□□

(2) 氵〔　　〕□□□□

(3) 雨〔　　〕□□□

(4) 扌〔　　〕□□□□

(5) 亻〔　　〕□□□□

(6) 辶〔　　〕□□□

(7) 禾〔　　〕□□□

(8) 門〔　　〕□□

(9) 彳〔　　〕□□

(10) 攵〔　　〕□□

2 次の文中の〔　〕に、あてはまる言葉《ことば》を書きなさい。（10点／一つ2点）

(1) 漢字の左がわにあって、意味《いみ》などを表《あらわ》す部分《ぶぶん》のことを、〔　　〕といいます。

(2) 漢字の右がわにあって、意味などを表す部分のことを、〔　　〕といいます。

(3) 「国」の字の「口」のように、漢字の外がわをかこむ部分のことを、〔　　〕といいます。

(4) 漢字の上について、意味などを表す部分のことを、〔　　〕といいます。

(5) 「店」の「广」のように、漢字の上から左にたれている部分のことを、〔　　〕といいます。

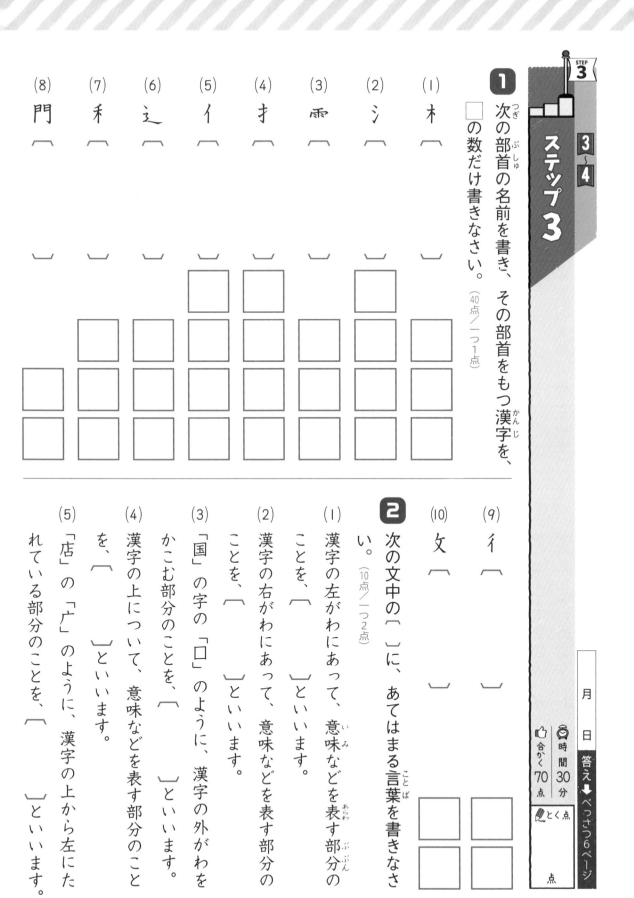

3 次の〔　〕に、あてはまる言葉を書きなさい。（6点／一つ2点）

漢字は、今から一六〇〇年ほど前、〔(1)　　〕からつたわってきました。そのとき、漢字といっしょにつたわった読みを〔(2)　　〕といい、それに日本に昔《むかし》からあった言葉をあてた読みを〔(3)　　〕といいます。

たいせつ

4 次の——線部分の漢字は、使《つか》い方によって読み方がかわります。それぞれの読み方を書きなさい。（32点／一つ2点）

(1)
- ㋐ 体を横にする。〔　　〕
- ㋑ 車が横転する。〔　　〕

(2)
- ㋐ さいふを落とす。〔　　〕
- ㋑ 石が落下した。〔　　〕

(3)
- ㋐ 鳥を放す。〔　　〕
- ㋑ 放水する。〔　　〕

(4)
- ㋐ 計画を練り直す。〔　　〕
- ㋑ 計算練習をする。〔　　〕

(5)
- ㋐ 文章《ぶんしょう》を整える。〔　　〕
- ㋑ 写真《しゃしん》の整理〔　　〕

(6)
- ㋐ 今日は寒い。〔　　〕
- ㋑ 寒波がおそう。〔　　〕

(7)
- ㋐ 水を注ぐ。〔　　〕
- ㋑ 電話で注文する。〔　　〕

(8)
- ㋐ いねが実る。〔　　〕
- ㋑ 実力を出す。〔　　〕

5 次の言葉の読み方は、まちがっています。正しい読み方を書きなさい。（12点／一つ1点）

(1) 今朝《いまあさ》〔　　〕
(2) 屋外《やがい》〔　　〕
(3) 意見《いみ》〔　　〕
(4) 路面《じめん》〔　　〕
(5) 身分《しんぶん》〔　　〕
(6) 元来《げんらい》〔　　〕
(7) 人形《ひとかた》〔　　〕
(8) 指図《ゆびず》〔　　〕
(9) 東西《とうせい》〔　　〕
(10) 相手《そうしゅ》〔　　〕
(11) 鉄橋《てつはし》〔　　〕
(12) 都合《とごう》〔　　〕

5 送《おく》りがなとかなづかい

学習のねらい

「送りがな」は、漢字《かんじ》の読み方をはっきりさせるために、その下につけるかなですが、まちがえてしまいやすいものです。正しく「送りがな」がつけられるよう練習《れんしゅう》します。

月　日

答え⬇べっさつ6ページ

ステップ1

1 次《つぎ》の送《おく》りがなで、正しいほうの記号《きごう》を○でかこみなさい。

(1) ア 少い　イ 少ない
(2) ア 分れる　イ 分かれる
(3) ア 少し　イ 少こし
(4) ア 考る　イ 考える
(5) ア 美しい　イ 美くしい
(6) ア 深い　イ 深かい
(7) ア 落ちる　イ 落る
(8) ア 新らしい　イ 新しい
(9) ア 半ば　イ 半かば
(10) ア 開ける　イ 開る
(11) ア 教える　イ 教しえる
(12) ア 暗らい　イ 暗い
(13) ア 起る　イ 起きる
(14) ア 明り　イ 明かり
(15) ア 曲がる　イ 曲る

2 次の言葉《ことば》を、漢字《かんじ》と送りがなで書きなさい。

(1) 細《ほそい》〔　　〕
(2) 流《ながれる》〔　　〕
(3) 助《たすける》〔　　〕
(4) 生《うまれる》〔　　〕
(5) 投《なげる》〔　　〕
(6) 運《はこぶ》〔　　〕
(7) 拾《ひろう》〔　　〕
(8) 当《あたる》〔　　〕
(9) 調《しらべる》〔　　〕
(10) 等《ひとしい》〔　　〕

3 次の文中の送りがなで、正しいほうの記号を○でかこみなさい。

(1) ア 駅《えき》の向こうのマンションです。
イ 駅の向うのマンションです。
(2) ア 秋祭つりのじゅんびでいそがしい。
イ 秋祭りのじゅんびでいそがしい。
(3) ア 暑《あつ》くなったので、かみを短かく切った。
イ 暑くなったので、かみを短く切った。
(4) ア 父から昔しの思い出話を聞いた。
イ 父から昔の思い出話を聞いた。

4 次の文中のかなづかいで、正しいほうを○でかこみなさい。

{きのお / きのう}、家の近くの公園で、{ねえさん / ねいさん}と{おとおと / おとうと}と友だち数人で、{たいく / たいいく}の時間に習《なら》った{ドッヂボール / ドッジボール}をした。足をねらわれると、にげるのが{むずかし / むづかし}かった。

5 次の〔　〕に、送りがなを書きなさい。

(1) 本を
- 配〔　〕ない。
- 配〔　〕う。
- 配〔　〕ます。
- 配〔　〕た。
- 配る。
- 配〔　〕。〔命令《めいれい》〕

(2) 花を
- 植〔　〕ない。
- 植〔　〕ます。
- 植〔　〕た。
- 植える。
- 植〔　〕。〔命令〕

6 次の文中には、かなづかいのまちがいが五つあります。══線で消《け》して、右がわに正しく書き直しなさい。

わたしわ、花に近ずいて中をのぞいてみました。どの花もをしべが六本づつあり、めしべおかこむようについていました。

7 次の言葉のかなづかいで、正しいほうの記号を○でかこみなさい。

(1) {ア ちぢむ / イ ちじむ}
(2) {ア つずく / イ つづく}
(3) {ア うんどお / イ うんどう}
(4) {ア こうり / イ こおり}
(5) {ア かなずち / イ かなづち}
(6) {ア おおさか / イ おうさか}
(7) {ア ロでゆう / イ ロでいう}
(8) {ア たいてえ / イ たいてい}
(9) {ア みかづき / イ みかずき}
(10) {ア かんづめ / イ かんずめ}

STEP 2 ステップ2

月　日

答え⬇べっさつ7ページ

時間 25分　合かく 80点　とく点　点

1 次《つぎ》の——線の言葉《ことば》を、下の□の漢字《かんじ》に送《おく》りがなをつけて書きなさい。（16点／一つ2点）

(1) 朝の会がおわりました。〔　　〕 終

(2) 野原へ行って、草花をあつめました。〔　　〕 集

(3) あたたかいスープを飲《の》みました。〔　　〕 温

(4) ねこがボールをころがしています。〔　　〕 転

(5) ここは山のぼりのスタート地点です。〔　　〕 登

(6) 明日はたのしい遠足です。〔　　〕 楽

(7) ここで上半身《じょうはんしん》をそらします。〔　　〕 反

(8) ゴールにむかって走っていきました。〔　　〕 向

2 次の言葉の送りがなで、まちがいがあれば書き直し、正しければ○を書きなさい。（16点／一つ2点）

(1) 動ごく〔　　〕　(2) 仕える〔　　〕

(3) 幸わせ〔　　〕　(4) 定める〔　　〕

(5) 放なす〔　　〕　(6) 代わる〔　　〕

(7) 開らく〔　　〕　(8) 悪るい〔　　〕

たいせつ 3 次の言葉を、漢字と送りがなで書きなさい。（20点／一つ2点）

(1) きえる〔　　〕　(2) あらわす〔　　〕

(3) あそぶ〔　　〕　(4) こまかい〔　　〕

(5) すすむ〔　　〕　(6) くるしい〔　　〕

(7) たいら〔　　〕　(8) かなしい〔　　〕

(9) ばける〔　　〕　(10) まったく〔　　〕

4 次の文中の――線の言葉は、送りがながまちがっています。正しく書き直しなさい。(24点／一つ2点)

(1) 学校で㋐育てているトマトが、赤々と㋑実のってきた。

㋐〔　　〕 ㋑〔　　〕

(2) 荷物《にもつ》が㋐重もかったので、六年生の人に㋑助すけてもらった。

㋐〔　　〕 ㋑〔　　〕

(3) ㋐係り長を㋑急そいでよんできてください。

㋐〔　　〕 ㋑〔　　〕

(4) 新しく㋐習らった漢字を、ノートに㋑書き写つす。

㋐〔　　〕 ㋑〔　　〕

(5) この㋐薬りは、とても㋑苦がい。

㋐〔　　〕 ㋑〔　　〕

(6) 学級会で㋐決ったことは、かならず㋑守もってください。

㋐〔　　〕 ㋑〔　　〕

5 次の文中には、かなづかいのまちがいが全部《ぜんぶ》で十二あります。＝＝線で消《け》して、右がわに正しく書き直しなさい。(24点／一つ2点)

(1) 川口さんは、先生に、てえねいにぼおしをとっておじぎおした。

(2) 今日わ、一日じゅう表《おもて》どうりの車の音がうるさく、夜になってやっとしづかになった。

(3) 父が言ったとうり、こうえんまではかなりとうかった。

(4) 母は、わたしのそうじのよおすを見て、「さっさと、ほおきではいて、みぢかい時間で、後かたずけをしなさい。」と言った。

6 じゅく語（言葉《ことば》のでき方）

学習のねらい

じゅく語とは何か、じゅく語はどのようにしてできているのかなどについて知り、うまく使《つか》えるようにするのがねらいです。使えるじゅく語をふやしましょう。

月　日

答え⇩べっさつ7ページ

ステップ1

1 次《つぎ》の言葉《ことば》を、れいにならって二つの言葉に分けたり、一つの言葉にしたりしなさい。

れい　とび出す（とぶ・出す）

(1) ふるえ上がる（　・　）

(2) つき出す（　・　）

(3) はね上がる（　・　）

(4) とびかかる（　・　）

(5) 〔　〕（見る・直す）

(6) 〔　〕（さす・出す）

(7) 〔　〕（思う・うかべる）

2 次の漢字《かんじ》を組み合わせて、じゅく語を作りなさい（それぞれ一回ずつ使《つか》うこと）。

(1)
理　会　重　原　世　勉　真　相
大　強　雨　界　都　天　談　写

(2)
古　品　所　見　理　住　漢　練
由　子　風　様　字　両　習　委
意　化　返　力　文　員　車　動

3 次の□に漢字を書き入れ、三字または四字のじゅく語を作りなさい。

(1) 同□生
(2) 新□紙
(3) □用紙
(4) 体□会
(5) □度計
(6) 研□会
(7) □園地
(8) □球式
(9) □西南北
(10) 自分自□
(11) 学級文□
(12) 春夏□冬

4 次の漢字と反対《はんたい》の意味《いみ》をもつ漢字を□に書き入れ、じゅく語を作りなさい。

れい 多［少］

(1) 左□
(2) 上□
(3) □女
(4) 大□
(5) □外
(6) □子
(7) □夜
(8) □母
(9) □近

たいせつ

5 次の□に入る正しい漢字を（　）からえらんで、じゅく語を作りなさい。

(1) □院　（意・医・委）
(2) 開□　（寒・感・館）
(3) □和　（丁・調・帳）
(4) 感□　（相・送・想）
(5) □陽　（太・体・対）

ステップ2

1 次《つぎ》の漢字《かんじ》を組み合わせて、じゅく語を作りなさい（すべて一回ずつ使《つか》うこと）。（20点／一つ2点）

船　全　日　安　自　投　球
手　板　配　決　住　他　定
所　黒　記　心　客　根

2 次の漢字と反対《はんたい》の意味《いみ》をもつ漢字を□に書き、じゅく語を作りなさい。また、その読み方も書きなさい。（12点／一つ2点）

れい　前［後］（ぜんご）

(1) 長□（　　）

(2) 明□（　　）

(3) □負（　　）

3 次の漢字をそれぞれ上と下とに使って、じゅく語を作りなさい。（12点／一つ1点）

(1) 発　□発　発□

(2) 転　□転　転□

(3) 役　□役　役□

(4) 部　□部　部□

(5) 集　□集　集□

(6) 実　□実　実□

月　日

答え➡べっさつ8ページ

時間 30分

合かく 70点

とく点　　点

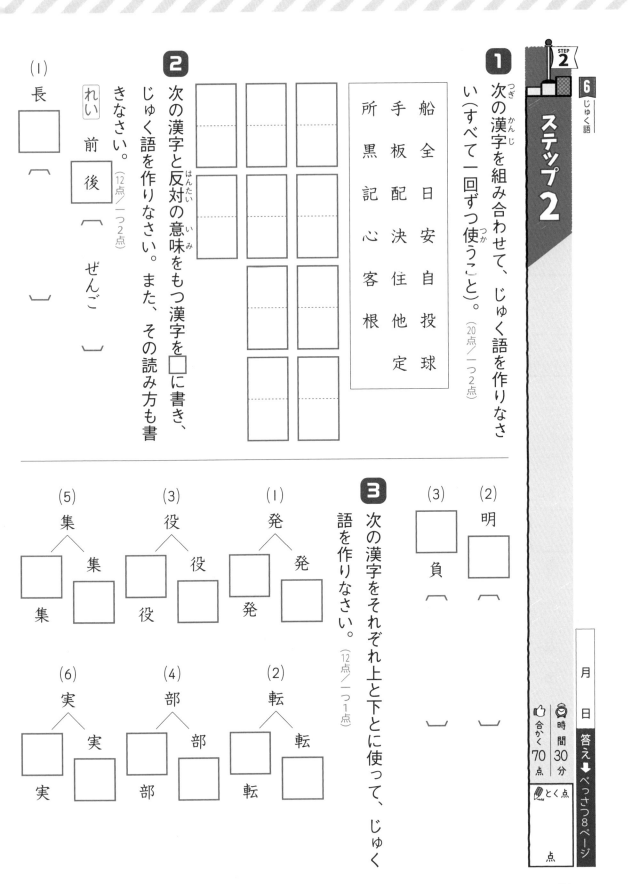

4 次のじゅく語の「長」の漢字の意味をあとからえらんで、記号《きごう》で書きなさい。（8点／一つ2点）

(1) 成《せい》長《ちょう》〔　　〕
(2) 町長〔　　〕
(3) 長《ちょう》所《しょ》〔　　〕
(4) 長《ちょう》命《めい》〔　　〕

ア ながい。ながさ。　イ 年上。　ウ 代表者《だいひょうしゃ》。
エ すぐれている。　オ 大きくなる。

5 次の漢字をそれぞれちがった読み方にして、じゅく語を二つずつ作りなさい。（20点／一つ2点）

れい 生…生活・一生

(1) 相…　　・
(2) 屋…　　・
(3) 物…　　・
(4) 家…　　・
(5) 元…　　・

6 次のれいのように、それぞれの漢字を使ったじゅく語を、一つずつ作りなさい。（16点／一つ2点）

れい 休…休日　体…全体

(1) 問…　　間…
(2) 族…　　旅…
(3) 持…　　待…
(4) 注…　　柱…

7 次の漢字を使って、じゅく語を作りなさい。（12点／一つ2点）

(1) 助…
(2) 曲…
(3) 流…
(4) 和…
(5) 運…
(6) 面…

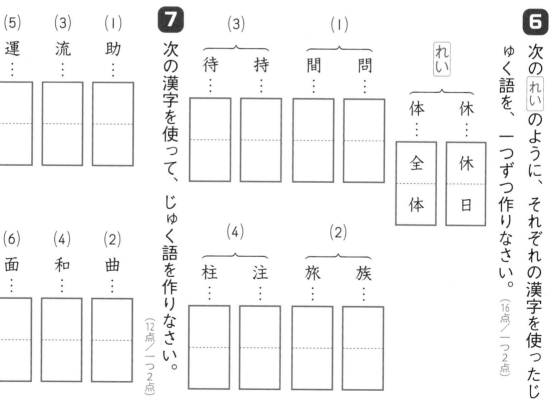

月　日

答え⬇べっさつ8ページ

時間 30分　合かく 70点　とく点　点

1

次《つぎ》の言葉《ことば》のかなづかいで、正しいほうの記号《きごう》を○でかこみなさい。(10点／一つ1点)

(1) ア おおさま　イ おうさま
(2) ア ちじむ　イ ちぢむ
(3) ア とうまわり　イ とおまわり
(4) ア かんづめ　イ かんずめ
(5) ア ていねい　イ ていねえ
(6) ア つづく　イ つずく
(7) ア ねえさん　イ ねいさん
(8) ア はなじ　イ はなぢ
(9) ア こうろぎ　イ こおろぎ
(10) ア おおどおり　イ おおどうり

2

次の言葉の送《おく》りがなで、まちがいがあれば書き直し、正しければ○を書きなさい。(12点／一つ2点)

(1) 表わす〔　　〕
(2) 拾ろう〔　　〕
(3) 温かい〔　　〕
(4) 美しい〔　　〕
(5) 苦がい〔　　〕
(6) 注そぐ〔　　〕

3

たいせつ

次の言葉を、漢字《かんじ》と送りがなで書きなさい。(16点／一つ2点)

(1) ころぶ〔　　〕
(2) みじかい〔　　〕
(3) くらい〔　　〕
(4) そだてる〔　　〕
(5) いそぐ〔　　〕
(6) かなしい〔　　〕
(7) たいら〔　　〕
(8) さいわい〔　　〕

4

次の漢字の読み方は二通りあります。その読み方を〔　〕に書き、それぞれの読み方を使《つか》ったじゆく語を一つずつ作りなさい。(16点／一つ1点)

れい　国…〔くに〕島国・〔こく〕国語

(1) 品…〔　　〕□□・〔　　〕□□
(2) 身…〔　　〕□□・〔　　〕□□
(3) 事…〔　　〕□□・〔　　〕□□
(4) 様…〔　　〕□□・〔　　〕□□

5 次の文の意味《いみ》がわかるように、〔　〕の中の漢字の上か下に漢字をおぎないます。その漢字をあとからえらんで、記号《きごう》で書きなさい。（20点／一つ2点）

れい　〔委　ウ〕長に〔オ　談〕する。
ア 想　イ 院　ウ 員　エ 話　オ 相

(1) 明日の〔　行　〕は、九時〔　発　〕だ。
ア 旅　イ 列　ウ 豆　エ 出　オ 速

(2) あさがおについての〔　研　〕〔　表　〕。
ア 急　イ 級　ウ 究　エ 反　オ 発

(3) この〔　習　〕では〔　勝　〕できない。
ア 物　イ 負　ウ 字　エ 練　オ 礼

(4) 〔　強　〕も〔　運　〕もがんばる。
ア 等　イ 動　ウ 勉　エ 球　オ 返

(5) 〔　部　〕をきれいに〔　理　〕する。
ア 由　イ 整　ウ 屋　エ 分　オ 流

6 次の漢字の送りがなで、正しいほうを○でかこみなさい。（6点／一つ1点）

(1) 妹を起{す／こす}。
(2) 水が流{れる／る}。
(3) 本を返{えす／す}。
(4) 荷物《にもつ》が軽{い／るい}。
(5) むねが苦{い／しい}。
(6) 長さが等{しい／としい}。

7 次の□に漢字を書き入れ、反対《はんたい》の意味のじゅく語を作りなさい。（8点／一つ1点）

(1) □配 ↕ □心
(2) □線 ↕ 直□
(3) □所 ↕ 長□
(4) 和□ ↕ □風

8 次の漢字を使って、じゅく語を作りなさい。（12点／一つ3点）

(1) 実…□
(2) 送…□
(3) 者…□
(4) 注…□

7 国語辞典《じてん》の使《つか》い方

学習のねらい

国語辞典で、言葉《ことば》を自由《じゆう》に調《しら》べられるようになると、教科書の予習《よしゅう》などもできます。まずはいろいろな言葉を引いて、国語辞典になれるようにしましょう。

月　日

答え➡べっさつ9ページ

ステップ1

1 国語辞典《じてん》について、次《つぎ》の文中の〔　〕にあてはまる言葉《ことば》をあとからえらんで、記号《きごう》で書きなさい。

(1) 国語辞典は、いろいろな〔　〕を〔　〕順《じゅん》にならべてあります。

(2) 国語辞典は、言葉の〔　〕や〔　〕、〔　〕の書き表《あらわ》し方などを調《しら》べるときに使います。

(3) 国語辞典で言葉を調べることを、辞典を〔　〕といいます。

(4) 国語辞典で言葉をさがすときは、まず〔　〕の文字を、次に〔　〕、そして〔　〕と、上から順にくらべていきます。だから、「つくえ」と「いす」では「〔　〕」のほうが前に、「かみなり」と「かみさま」では、「〔　〕」のほうが前に書いてあります。

(5) 多くの辞典では、「ば・び」などの濁音《だくおん》(にごる音)は、「は・ひ」などの清音《せいおん》(にごらない音)のあとに書いてあるので、「さる」と「ざる」では、「〔　〕」のほうが前に書かれています。

ア つくえ　**イ** いす　**ウ** 五十音
エ かみなり　**オ** かみさま　**カ** 使《つか》い方
キ さいしょ　**ク** 引く　**ケ** 二字目
コ 三字目　**サ** 漢字《かんじ》　**シ** 言葉　**ス** さる
セ ざる　**ソ** 意味《いみ》

2 たいせつ　国語辞典に出てくる順に、番号《ばんごう》を書きなさい。

(1) 〔　〕あじさい　〔　〕つばき　〔　〕うめ

(2) 〔　〕きかい　〔　〕おんど　〔　〕ねだん

(3)
〔　〕とち
〔　〕とだな
〔　〕たから

(4)
〔　〕みずうみ
〔　〕まつり
〔　〕まなぶ

(5)
〔　〕あつい
〔　〕あさ
〔　〕あおい

(6)
〔　〕くだもの
〔　〕くつ
〔　〕くつした

(7)
〔　〕おうむ
〔　〕おうふく
〔　〕おうえん

(8)
〔　〕はつが
〔　〕はっしゃ
〔　〕はつか

(9)
〔　〕ポット
〔　〕ほっと
〔　〕ホット

(10)
〔　〕もちつき
〔　〕もちごめ
〔　〕モーター

(11)
〔　〕オープン
〔　〕おうさま
〔　〕おおどおり

(12)
〔　〕人手
〔　〕人形
〔　〕人生

---

3 国語辞典で「かける」という言葉を調べると、次のような意味が書いてありました。

ア ぶら下げる　**イ** わたす　**ウ** かぶせる　**エ** およぼす
オ ふりまく　**カ** 始《はじ》めそうになる　**キ** とじる

次の――線「かける」は、右のどの意味にあたりますか。記号で書きなさい。

(1) 赤ちゃんにふとんを<u>かける</u>。〔　〕
(2) かべに絵を<u>かける</u>。〔　〕
(3) ホースで水を<u>かける</u>。〔　〕
(4) 川に橋《はし》を<u>かける</u>。〔　〕
(5) ドアにしっかりとかぎを<u>かける</u>。〔　〕
(6) 宿題《しゅくだい》をやり<u>かける</u>。〔　〕
(7) みんなにめいわくを<u>かける</u>。〔　〕

4 次の――線の言葉を国語辞典で調べるとき、見出し語はどちらが正しいですか。記号を○でかこみなさい。

(1) 兄に<u>かりた</u>本。〔**ア** かりる　**イ** かりた〕
(2) 本を<u>読み返《かえ》す</u>。〔**ア** 読む返す　**イ** 読み返す〕

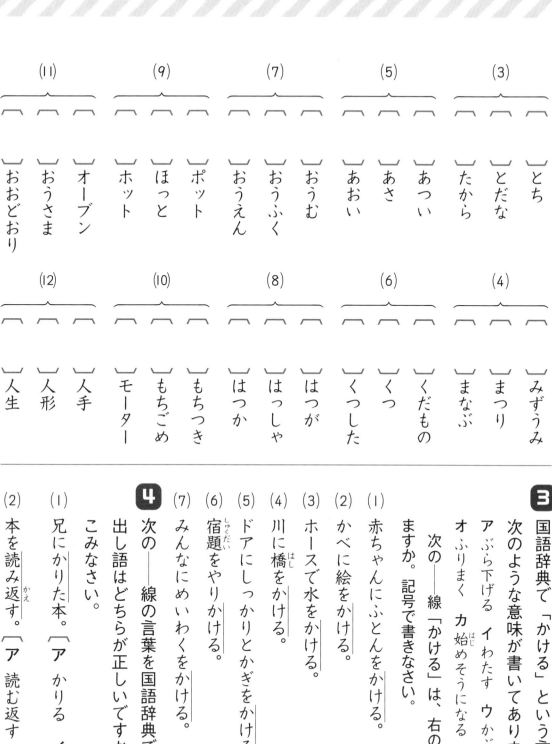

ステップ2

時間 30分　合かく 70点

月　日

答え べっさつ9ページ

とく点　点

1 国語辞典《じてん》に出てくる順《じゅん》に、番号《ばんごう》を書きなさい。(30点／一つ3点)

(1)
( ) やまみち
( ) みちくさ
( ) まばたき

(2)
( ) かわら
( ) かいろ
( ) うしろ

(3)
( ) たんけん
( ) たらい
( ) たんぼ

(4)
( ) せんそう
( ) せっけん
( ) せんとう

(5)
( ) さいほう
( ) サイロ
( ) ざいもく

(6)
( ) まつり
( ) まつ
( ) まつばやし

(7)
( ) しょくぱん
( ) しょくどう
( ) しょくひ

(8)
( ) はつが
( ) はっしゃ
( ) はつか

(9)
( ) サックス
( ) さくら
( ) サークル

(10)
( ) 魚市場
( ) 魚肉
( ) 魚屋

2 次《つぎ》の――線の言葉《ことば》を、れいのように国語辞典に出てくる形に書き直しなさい。(24点／一つ3点)

れい　妹は作文を書いていた。　(書く)

(1) 本を読んでわかった。　( )

(2) 夏休みが始《はじ》まった。　( )

(3) なみだがこぼれていた。　( )

(4) ここから走れば間に合う。　( )

(5) 荷物《にもつ》をかかえて重《おも》そうだ。　( )

(6) 立って本を読みなさい。　( )

(7) えん筆《ぴつ》が短《みじか》くなった。　( )

(8) 山のてっぺんは白かった。　( )

たいせつ

3 次の五つの言葉を、国語辞典に出てくる順に記《き》号《ごう》で書きなさい。(25点／一つ5点)

(1) **ア** にんじん　**イ** ヘリコプター　**ウ** 飛行機《ひこうき》　**エ** 運動会《うんどうかい》　**オ** 山登《やまのぼ》り

〔　→　→　→　→　〕

(2) **ア** なみだ　**イ** 中心　**ウ** チョコレート　**エ** こいのぼり　**オ** 波乗《なみの》り

〔　→　→　→　→　〕

(3) **ア** 新聞　**イ** シュークリーム　**ウ** さくら　**エ** 新かん線　**オ** さむらい

〔　→　→　→　→　〕

(4) **ア** かみなり　**イ** カッターナイフ　**ウ** 後ろ　**エ** 階《かい》だん　**オ** 牛

〔　→　→　→　→　〕

(5) **ア** 一直線　**イ** 委員会《いいんかい》　**ウ** 犬小屋《いぬごや》　**エ** 石だん　**オ** 糸まき

〔　→　→　→　→　〕

4 国語辞典で「たつ」という言葉を調《しら》べると、次のような意味《いみ》が書いてありました。

ア 起《お》き上がる　**イ** つくられる　**ウ** はっきりわかる　**エ** 時がすぎる　**オ** 上がる　**カ** 出発《しゅっぱつ》する　**キ** はたらきをする

次の——線「たつ」は、右のどの意味にあたりますか。記号で書きなさい。(21点／一つ3点)

(1) 朝の飛行機で、アメリカにたつ。〔　〕

(2) となりに家がたつ。〔　〕

(3) シューと湯気《ゆげ》がたつ。〔　〕

(4) 月日のたつのは早いものだ。〔　〕

(5) ぼくは、いすからたつ。〔　〕

(6) あの人はせが高くて、人目にたつ。〔　〕

(7) この本は、役《やく》にたつ。〔　〕

8 言葉《ことば》の意味《いみ》と使《つか》い方

学習のねらい

文章《ぶんしょう》を正しく読み取《と》ったり、書き表《あらわ》したりするには、語句《ごく》の意味を正しく知ることが大切です。人の活動《かつどう》や社会のできごとなどを表す語句をふやし、正しく使えるようにしましょう。

月　日

答え⬇べっさつ9ページ

ステップ1

1 次《つぎ》の言葉《ことば》の意味《いみ》をえらんで、記号《きごう》に○をつけなさい。

(1) はるか　ア 少し　イ 小さい　ウ 遠い

(2) みょうな　ア 美《うつく》しい　イ へんな　ウ すばらしい

(3) とつぜん　ア いきおいがよいこと　イ 急《きゅう》に、思いがけないこと　ウ 知らないうちに

(4) あざやか　ア ぼんやりと　イ はっきりと　ウ きっちりと

(5) まれ　ア めったにない　イ よくある　ウ ときどきある

---

2 次の意味を表《あらわ》す言葉をえらんで、記号に○をつけなさい。

(1) はじめて見つけ出すこと
ア 発行《はっこう》　イ 発見《はっけん》　ウ 発明《はつめい》

(2) 心が安《やす》らかなこと
ア 安全《あんぜん》　イ 安物《やすもの》　ウ 安心《あんしん》

(3) 自分の考え
ア 意味　イ 意見《いけん》　ウ 注意《ちゅうい》

(4) 思いのままにできること
ア 自由《じゆう》　イ 自動《じどう》　ウ 自身《じしん》

(5) 「じょうず」や「うまい」の反対《はんたい》の意味
ア 下方　イ 手下　ウ 下手

3 次の中で、なかま外れの言葉を一つえらんで、○でかこみなさい。

(1) 歩く・持《も》つ・広い・わらう・悲《かな》しむ

(2) 父・兄・おば・友人・弟

(3) 牛・かぶと虫・にわとり・星・羊《ひつじ》

4 次の言葉に合う意味を下からえらんで、線でつなぎなさい。

(1) 一大事《いちだいじ》 ・　　・**ア** とてもうまく
(2) まんまと ・　　・**イ** たいへんなこと
(3) きのどく ・　　・**ウ** かわいそうに思うこと
(4) はげます ・　　・**エ** ふくそう
(5) みなり ・　　・**オ** たくさん
　　　　　　　　　・**カ** 元気づける

5 次の〔　〕に様子《ようす》を表す言葉を入れて、てきとうな文を作りなさい。

どんな

(1) 〔　　〕花がさいた。
(2) 〔　　〕建物《たてもの》がたった。
(3) 〔　　〕部屋《へや》に入った。

どのように

(1) 赤ちゃんが〔　　〕わらう。
(2) 〔　　〕かれ葉《は》が鳴る。
(3) おびれを〔　　〕ふって泳《およ》ぐ魚。

---

6 次の文中の〔　〕に合う言葉をあとからえらんで、記号で書きなさい。

(1) 〔　　〕人間のお母さんにちがいない。
(2) 〔　　〕、そっちの手を出しちゃいけないよ。
(3) 〔　　〕人間とはどんなものか、見たいと思いました。
(4) そのとき〔　　〕、ぼうやを一人で町までやってみようと考えました。

ア いったい　**イ** きっと　**ウ** もし
エ それどころか　**オ** ふと　**カ** けっして

7 次の言葉がうまくつづくように、線でつなぎなさい。

(1) 考えが ・　　・**ア** あふれ出す。
(2) めざましい ・　　・**イ** かなう。
(3) なかなか ・　　・**ウ** いのる。
(4) のぞみが ・　　・**エ** はたらき。
(5) 水が ・　　・**オ** まとまる。
(6) ひたすら ・　　・**カ** 元気だ。

ステップ2

月　日

答え⬇べっさつ10ページ

時間 25分　合かく 70点　とく点　　点

1 次《つぎ》の文中の〔　〕に合う言葉《ことば》をあとからえらんで、記号《きごう》で書きなさい（すべて一回ずつ使《つか》うこと）。（20点／一つ2点）

子どもたちは、みんなで〔(1)〕をさがしましたが、りょうかんさんは、〔(2)〕みつかりません。〔(3)〕、子どもたちはさがし〔(4)〕、みんな、うちへかえってしまいました。りょうかんさんは、〔(5)〕ことは、〔(6)〕知りません。〔(7)〕わら小屋《ごや》の中に〔(8)〕いました。わらの中は、〔(9)〕して、いい気もちでした。いつのまにか〔(10)〕とねむってしまいました。

ア くたびれて　**イ** ちっとも　**ウ** そんな
エ ほかほか　**オ** うとうと　**カ** そのへん
キ どうしても　**ク** そのうちに
ケ かくれて　**コ** いつまでも

2 次の――線の言葉の意味《いみ》は、下のどれにあたりますか。線でつなぎなさい。（36点／一つ3点）

(1)
- ㋐ 明るい部屋《へや》・　　・**ア** よく知っている
- ㋑ 明るい歌声・　　・**イ** ほがらかで楽しそう
- ㋒ 虫に明るい・　　・**ウ** 光が十分さしている

(2)
- ㋐ 軽《かる》い箱《はこ》・　　・**ア** 目方《めかた》が少ない
- ㋑ 軽い食事《しょくじ》・　　・**イ** 重大《じゅうだい》ではない
- ㋒ 軽いけが・　　・**ウ** かんたんである

(3)
- ㋐ 氷《こおり》がとける・　　・**ア** わかる
- ㋑ なぞがとける・　　・**イ** 元の形がなくなる

(4)
- ㋐ 血《ち》を引く・　　・**ア** えらび出す
- ㋑ くじを引く・　　・**イ** 受《う》けつぐ
- ㋒ ひもを引く・　　・**ウ** 引っぱる
- ㋓ はれが引く・　　・**エ** 少なくなる

たいせつ

3 次の文の――線の言葉の意味をあとからえらんで、記号で書きなさい。（20点／一つ4点）

(1) 子ぎつねは、町の明かりを**めあて**に、雪の野原を歩いていきました。［　］
ア 見ながら歩いていくこと
イ 目にあてるぬの
ウ 目印《めじるし》

(2) 子ぎつねは、**いっとき**も早くお母さんに会いたくなりました。［　］
ア わずかな時間　イ 行く時
ウ いちばんはじめ

(3) 月が出て、きつねの**毛なみ**が、銀色《ぎんいろ》に光りました。［　］
ア 毛の色が同じこと　イ 毛の波《なみ》
ウ 毛のならんでいる様子《ようす》

(4) お母さんが、**みちみち**教えてくれました。［　］
ア 道を歩きながら　イ 十字路《じゅうじろ》のこと
ウ 道がたくさんあること

(5) **ゆくて**にぽっつり明かりが見え始《はじ》めました。［　］
ア 行ったところ　イ 進《すす》んでいく方向《ほうこう》
ウ 手をおいたところ

4 次の言葉と反対《はんたい》の意味の言葉を、線でつなぎなさい。（14点／一つ2点）

(1) まずしい・　　・ア みにくい
(2) 美《うつく》しい・　　・イ ゆたかだ
(3) せめる・　　・ウ 開《あ》ける
(4) 終《お》わる・　　・エ 守《まも》る
(5) しめる・　　・オ 始まる
(6) 進　む・　　・カ 明ける
(7) くれる・　　・キ しりぞく

5 次の言葉の意味を、線でつなぎなさい。（10点／一つ2点）

(1) うかつだ・　　・ア 手がかり
(2) しりごみ・　　・イ まったく
(3) いっこうに・　　・ウ すぐに
(4) 糸　口・　　・エ うっかり
(5) そくざに・　　・オ ためらうこと

月　日

答え⬇べっさつ10ページ

時間 25分　合かく 70点　とく点　点

1 国語辞典《じてん》に出てくる順《じゅん》に、番号《ばんごう》を書きなさい。（24点／一つ3点）

(1)
- 〔　〕きりん
- 〔　〕きりふだ
- 〔　〕きらめく

(2)
- 〔　〕じびか
- 〔　〕じひつ
- 〔　〕しびれ

(3)
- 〔　〕でんし
- 〔　〕てんし
- 〔　〕てんじ

(4)
- 〔　〕じこう
- 〔　〕しこう
- 〔　〕じこ

(5)
- 〔　〕ひよう
- 〔　〕びよう
- 〔　〕ひょう

(6)
- 〔　〕雨天
- 〔　〕雨上がり
- 〔　〕雨戸

(7)
- 〔　〕はん
- 〔　〕ばん
- 〔　〕パン

(8)
- 〔　〕ビーバー
- 〔　〕ピアノ
- 〔　〕ピース

2 次の——線の言葉《ことば》を、れいのように国語辞典に出ている形に書き直しなさい。（15点／一つ3点）

れい　父と山に登《のぼ》った。　〔登る〕

(1) 弟がなきながらやってきた。　〔　〕
(2) 犬がワンワンとほえた。　〔　〕
(3) 妹のたん生日をいわった。　〔　〕
(4) テストはむずかしかった。　〔　〕
(5) 「止まれ。」と言われた。　〔　〕

3 次の言葉がうまくつづくように、線でつなぎなさい。（15点／一つ3点）

(1) まるで　・　　・ア ないているのですか。
(2) もし　・　　・イ 雨がふれば中止だ。
(3) どうして　・　　・ウ 火の玉のようだ。
(4) おそらく　・　　・エ 会いに来てください。
(5) ぜひ　・　　・オ 見つからないだろう。

4 次のことがらを表《あらわ》す言葉を、〔　〕に書きなさい。(18点／一つ2点)

(1) 物《もの》の名前
- ㋐ 校庭《こうてい》に〔　〕がある。
- ㋑ ぼくが〔　〕を持《も》つ。
- ㋒ 空に〔　〕がとぶ。

(2) 動《うご》き
- ㋐ ぼくがボールを〔　〕。
- ㋑ 兄が階《かい》だんを〔　〕。
- ㋒ わたしが手紙を〔　〕。

(3) 様子《ようす》
- ㋐ 〔　〕花がさく。
- ㋑ ぞうはとても〔　〕。
- ㋒ 兄は走るのが〔　〕。

5 次の言葉の意味《いみ》を、線でつなぎなさい。(12点／一つ2点)

(1) しろうと・　　・**ア** 下に見る
(2) てこずる・　　・**イ** あつかいにこまる
(3) すかさず・　　・**ウ** 人と人との強いつながり
(4) きずな・　　・**エ** なれていない人
(5) あなどる・　　・**オ** ものごとのすじ道
(6) つじつま・　　・**カ** すぐに

6 次の〔　〕にあてはまる言葉をあとからえらんで、記号で書きなさい(それぞれ一回ずつ使《つか》うこと)。(16点／一つ2点)

(1) マラソンで最後《さいご》のランナーが、〔　〕ゴールした。
(2) 日本の春には、〔　〕さくらの花が、よくにあう。
(3) 今年のかぜは、〔　〕なおらない。
(4) 横道《よこみち》から〔　〕自転車《じてんしゃ》がとび出してきた。
(5) 今日の国語のテストの問題《もんだい》はむずかしくて、〔　〕わからない。
(6) いなかのおじいちゃんのことを、〔　〕思い出した。
(7) この消《け》しゴムは、〔　〕弟がもらった物だ。
(8) 〔　〕たん生日にもらったくつを、水たまりで、よごしてしまった。

ア せっかく　**イ** いきなり　**ウ** なかなか
エ やっぱり　**オ** ふと　**カ** まったく
キ もともと　**ク** ゆっくり

9 かたかなの使《つか》い方

学習のねらい
かたかなの学習《がくしゅう》の仕上《しあ》げをします。どんな語をかたかなで書き表《あらわ》すのかをしっかりりかいし、文や文章《ぶんしょう》の中でてきせつに使えるようにします。

月　日

答え⬇べっさつ10ページ

ステップ1

1 かたかなで、次《つぎ》の五十音表《ひょう》をかんせいさせなさい。

あ	か	さ	た	な	は	ま	や	ら	わ
					ハ			ラ	
イ	キ			ニ		ミ	／		／
		ス			フ				／
エ			テ			メ	／	レ	／
	コ			ノ					

ん
〔　〕

2 次の言葉《ことば》で、まちがっている部分《ぶぶん》に——線を引き、正しく書き直しなさい。

(1) タクツー　(2) クレヨソ　(3) ボオル

(4) トラっク　(5) ネワタイ　(6) がラス

3 次の文中の〔　〕に入る言葉をあとからえらんで、記号《きごう》で書きなさい。

かたかなで書く言葉でいちばん〔(1)　〕のは、㋐〔(2)　〕からきた言葉です。また、㋑外国の国名や〔(3)　〕、〔(4)　〕の人の〔(5)　〕も、かたかなで書きます。そのほか、㋒〔(6)　〕や㋓動物《どうぶつ》の〔(7)　〕も、かたかなで書きます。

ア 外国　**イ** 多い　**ウ** 少ない　**エ** 地名

オ 鳴き声　**カ** 物《もの》の音　**キ** 名前

4 問題《もんだい》**3**の――線㋐～㋓の言葉を、それぞれ二つずつ考えて書きなさい。

㋐〔　　　〕〔　　　〕
㋑〔　　　〕〔　　　〕
㋒〔　　　〕〔　　　〕
㋓〔　　　〕〔　　　〕

5 次の言葉を、かたかなで書きなさい。

(1) あんてな　〔　　　〕
(2) よおぐると　〔　　　〕
(3) ぷらすちっく　〔　　　〕
(4) あいすくりいむ　〔　　　〕
(5) そおせえじ　〔　　　〕
(6) ぶるどおざあ　〔　　　〕

たいせつ

6 次の言葉で、ひらがなのままでよいものは○、かたかなで書くものは、正しくかたかなで書きなさい。

(1) とらんぺっと
(2) あんでるせん
(3) ふわりふわり
(4) まっち
(5) こけこっこお
(6) ふうせん
(7) すいっち
(8) ごろごろごろ
(9) やきゅう
(10) ぽるとがる

(1)〔　　　〕
(2)〔　　　〕
(3)〔　　　〕
(4)〔　　　〕
(5)〔　　　〕
(6)〔　　　〕
(7)〔　　　〕
(8)〔　　　〕
(9)〔　　　〕
(10)〔　　　〕

ステップ2

STEP 2

月　日

答え⬇べっさつ11ページ

時間 20分　合かく 80点　とく点　点

たいせつ

1 次《つぎ》の十の言葉《ことば》は、すべてかたかなで書きます。あとのなかまに分けて、それぞれかたかなで書きなさい。（20点／一つ2点）

ぽすと　えじぷと　さっかあ　みしん
ぴかそ　ばたん　えすかれえたあ
ばるせろな　ぴよぴよ　ふらいぱん

(1) 外国からきた言葉
〔　　　〕

(2) 外国の国名や地名、外国の人の名前
〔　　　〕

(3) 物《もの》の音や動物《どうぶつ》の鳴き声
〔　　　〕

2 次の文中でかたかなで書く言葉に——線を引き、右がわに正しく書き直しなさい。（16点／一つ2点）

(1) 姉さんの部屋《へや》にあるくっしょんは、ぴんく色です。

(2) おむらいすを作るために、夕方にぐりんぴいすとけちゃっぷを買いに行きました。

(3) 今日はべらんだでふとんをほしたので、とてもふかふかになりました。

(4) 父が手をぱんとたたくと、子犬がうれしそうにわんわんとかけよってきました。

3 次のそれぞれのなかまの中で、かたかなで書く言葉を〔　〕の数だけ考えて書きなさい。（34点／一つ2点）

(1) 生き物　れい〔チンパンジー〕〔　〕〔　〕〔　〕〔　〕〔　〕

(2) 乗《の》り物　〔　〕〔　〕〔　〕

(3) 道《どう》具《ぐ》　〔　〕〔　〕〔　〕〔　〕

(4) 食べ物　〔　〕〔　〕〔　〕〔　〕〔　〕〔　〕

(5) スポーツ　〔　〕〔　〕

4 （たいせつ）次の文中には、かたかなで書く言葉をひらがなで書いたところが全《ぜん》部《ぶ》で十あります。順《じゅん》にあとの〔　〕に正しく書き直しなさい。（30点／一つ3点）

(1) ろんどんは、いぎりすにある大きな町です。

(2) ぼくは、自《じ》転《てん》車《しゃ》のぺだるをふむけいこをしました。はんどるのほうに力が入って、足が思うように動《うご》きません。

(3) えい画で、ろけっとがとぶところを見ました。ごおごおとすごいすぴいどで、雲の中をとんでいきました。

(4) 今日、ばすでぷうるに行きました。くろおるですいすい泳《およ》ぐ友だちを見て、もっと上手に泳ぎたいと思いました。

〔　〕〔　〕〔　〕〔　〕〔　〕〔　〕〔　〕〔　〕〔　〕〔　〕

10 ローマ字

学習のねらい

わたしたちの身《み》の回りのいろいろなところで使《つか》われているローマ字の書き方のきまりをしっかりと身につけ、正しく読んだり書いたりできるようにします。

月　日

答え⬇べっさつ11ページ

ステップ1

1 次《つぎ》のローマ字の書き方で、正しいほうをえらんで、記号《きごう》で書きなさい。

(1)
ア　イ

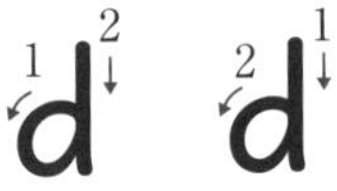

〔　　〕

(2)
ア　イ

〔　　〕

(3)
ア　イ

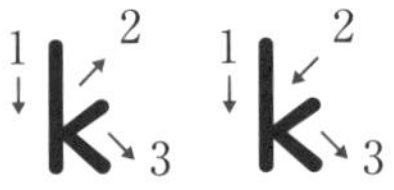

〔　　〕

(4)
ア　イ

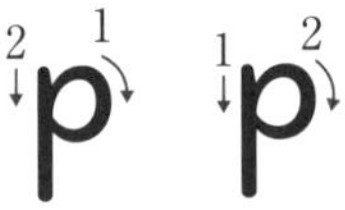

〔　　〕

(5)
ア　イ

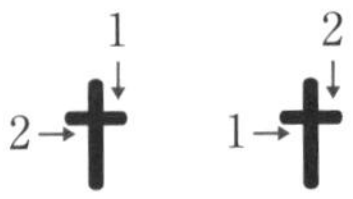

〔　　〕

(6)
ア　イ

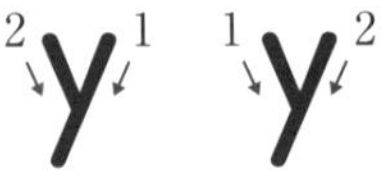

〔　　〕

2 次のローマ字の書き方で、正しいほうをえらんで、記号で書きなさい。

(1) ぬりえ
- ア nurie
- イ murie

〔　　〕

(2) 切　手
- ア kitte
- イ kite

〔　　〕

(3) お兄さん
- ア onisan
- イ onîsan

〔　　〕

(4) 百　円
- ア hyakuen
- イ hâkuen

〔　　〕

(5) パン屋《や》
- ア panya
- イ pan'ya

〔　　〕

(6) 小学校
- ア syôgakô
- イ syôgakkô

〔　　〕

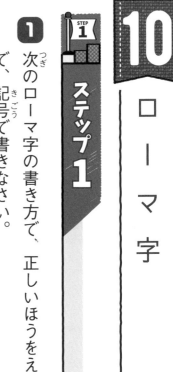

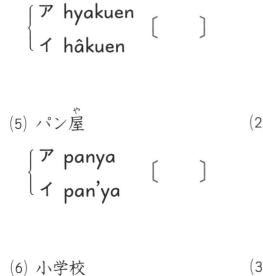

3 次の記号は、どんなときに使《つか》いますか。線でつなぎなさい。

(1) ！ ・
(2) ー ・
(3) ’ ・
(4) “ ” ・
(5) ？ ・
(6) ＾ ・
(7) . ・
(8) , ・

・ア 問《と》いかけ
・イ 音《おん》を切る
・ウ 言葉《ことば》をつなぐ
・エ 意味《いみ》を強める
・オ 文の意味の切れ目
・カ 会 話
・キ 文の終《お》わり
・ク 音をのばす

4 次のローマ字の言葉を、かなに直して書きなさい(習《なら》った漢字《かんじ》は、漢字で書くこと)。

(1) zikan
[　　　　]

(2) sippo
[　　　　]

(3) byôki
[　　　　]

(4) Rondon
[　　　　]

(5) kin’yôbi
[　　　　]

たいせつ

5 次の言葉を、ローマ字で書きなさい。

(1) わたし の すきな くだもの は,

りんご と なし です。

(2)「今日 は どこ へ おでかけ ですか？」

「むすめ と 本屋さん へ 行って きます。」

(3) きのう, 大阪《おおさか》 へ 行きました。

ステップ 2

STEP 2

1 次《つぎ》のローマ字の言葉《ことば》を、かなに直して書きなさい（習《なら》った漢字《かんじ》は、漢字で書くこと）。（10点／一つ1点）

(1) kokuban
〔　　　　　　　〕

(2) otôsan
〔　　　　　　　〕

(3) nitiyôbi
〔　　　　　　　〕

(4) nyûsu
〔　　　　　　　〕

(5) enpitu
〔　　　　　　　〕

(6) Sapporo
〔　　　　　　　〕

(7) sekken
〔　　　　　　　〕

(8) kon'ya
〔　　　　　　　〕

(9) happyôkai
〔　　　　　　　〕

(10) zen'in
〔　　　　　　　〕

2 次の言葉を、ローマ字で書きなさい（大文字を使《つか》うところは、大文字で書きなさい）。（28点／一つ2点）

(1) おばさん

(2) お姉さん

(3) 時《じ》代《だい》

(4) きゅうり

(5) 金 魚

(6) 病《びょう》院《いん》

(7) 発《はっ》車《しゃ》

(8) きっぷ

(9) 漢 字

(10) じゅく語

(11) 選《せん》手《しゅ》

(12) 出 発

(13) げんいん

(14) ピカソ

月　日

時間 30分

合かく 70点

とく点　　点

答え⬇べっさつ11ページ

3 次のローマ字で書かれた日記文を、漢字やかなを使って書き直しなさい。（30点）

Yoru, dokusyo o sita.

“Gongitune” ga, teppô de utareta tokoro dewa, watasi wa namida ga detekita.

Gon ga, kokoro o irekaete, Hyôzyû no tokoro e, kuri ya matutake o motte itta koto ga, watasi no kokoro kara hanarenai.

〔　　　　　　　　　　〕

4 次の品物《しなもの》はどこで売っていますか。下からえらんで、記号《きごう》で書きなさい。（12点／一つ2点）

(1) kitte 〔　　〕

(2) ningyô 〔　　〕

(3) ninzin 〔　　〕

(4) ehon 〔　　〕

(5) rikôdâ 〔　　〕

(6) zyôgi 〔　　〕

ア syoten

イ yaoya

ウ omotyaya

エ yûbinkyoku

オ bunbôguya

カ gakkiten

5 次の文章《ぶんしょう》を、ローマ字で書きなさい。（20点）

今日，母が出かけて，わたしだけが家にいると，先生が来られて，
「お母さんはいますか？」
とお聞きになりました。

ステップ3

1 次《つぎ》のかたかなで書く言葉《ことば》を、四つずつかたかなで書きなさい。（24点／一つ2点）

(1) 外国の国名や地名 〔　〕〔　〕〔　〕〔　〕

(2) 外国からきた言葉 〔　〕〔　〕〔　〕〔　〕

(3) 物《もの》の音や動物《どうぶつ》の鳴き声 〔　〕〔　〕〔　〕〔　〕

2 次の文中には、かたかなで書かなければいけない言葉が、全部《ぜんぶ》で十七あります。その言葉を══線で消《け》し、順《じゅん》にあとの〔　〕に正しく書き直しなさい。（34点／一つ2点）

(1) ぴらみっどのあるえじぷとは、あふりか大陸《たいりく》にある国です。

(2) 鳥かごの中のかなりあは、美《うつく》しい声で、ぴいぴい鳴いている。

(3) 電子れんじで、はんばあがあとすうぷを温《あたた》めました。

(4) 二階《にかい》でちわわが、きゃんきゃんと鳴いている。

(5) まいけるは、あめりかのふっとぼおるの選手《せんしゅ》です。

(6) えじそんは、日本の竹を使《つか》って、電球《でんきゅう》のふぃらめんとを作ったそうです。

(7) ぱそこんのいんたあねっとは、いろいろなことを調《しら》べるのにとてもべんりだ。

〔　〕〔　〕〔　〕〔　〕〔　〕〔　〕〔　〕〔　〕〔　〕〔　〕〔　〕〔　〕〔　〕〔　〕〔　〕〔　〕〔　〕

月　日

答え⬇べっさつ12ページ

時間 30分

合かく 70点

とく点　点

3 次のローマ字の書き方で、正しいほうをえらんで、記号《きごう》で書きなさい。（12点／一つ2点）

(1)
ア　イ
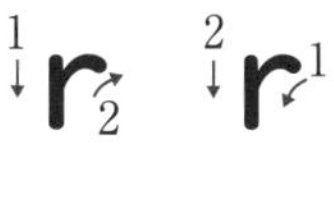
〔　　〕

(2)
ア　イ
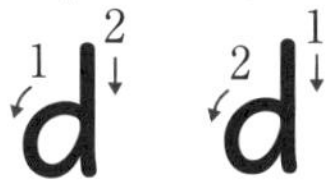
〔　　〕

(3)
ア　イ
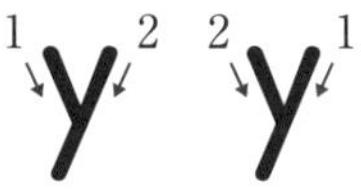
〔　　〕

(4)
ア　イ
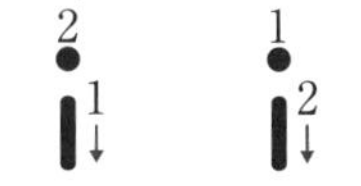
〔　　〕

(5)
ア　イ
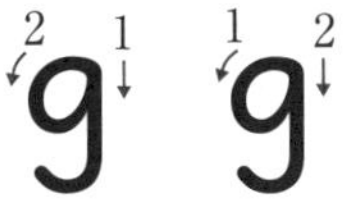
〔　　〕

(6)
ア　イ
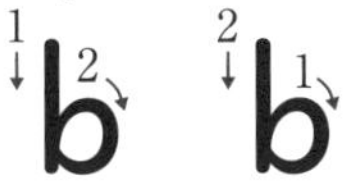
〔　　〕

4 次の言葉を、ローマ字で書きなさい（大文字を使《つか》うところは、大文字で書きなさい）。（18点／一つ2点）

(1) マッチ

(2) ビスケット

(3) ギリシャ

(4) 東　京

(5) シャンプー

(6) オーストラリア

(7) 金曜日

(8) ナポレオン

(9) 京《きょう》都《と》市《し》北《きた》区《く》

5 次の言葉と関係《かんけい》のある言葉を下からえらんで、記号で書きなさい。（12点／一つ2点）

(1) hikôki〔　　〕

(2) tyûrippu〔　　〕

(3) batta〔　　〕

(4) kirin〔　　〕

(5) imôto〔　　〕

(6) yûdati〔　　〕

ア kazoku

イ kontyû

ウ norimono

エ dôbutu

オ tenki

カ syokubutu

11 こそあど言葉《ことば》（指示語《しじご》）

学習のねらい

文中における「こそあど言葉」（指示語）のはたらきをりかいし、指《さ》ししめす内容《ないよう》が何かをつかめるようにします。

月　日

答え⬇べっさつ12ページ

STEP 1 ステップ1

1 次《つぎ》の文中の〔　〕に入る言葉《ことば》をあとからえらんで、記号《きごう》で書きなさい（二回使《つか》ってもよい）。

(1)〔　　〕で遊《あそ》んでいると、自動車《じどうしゃ》が通るのであぶないですよ。

(2)〔　　〕が、とてもおもしろいアンデルセンの童話《どうわ》です。

(3)〔　　〕川で、ぼくたちは魚をつったことがあります。

(4)〔　　〕は、ずっと昔《むかし》に海だったところです。

(5)〔　　〕は、母が十五年前に父からもらった指《ゆび》輪《わ》です。

ア この　**イ** これ　**ウ** ここ

2 次の文中の〔　〕に入る言葉をあとからえらんで、記号で書きなさい（三回使ってもよい）。

(1)〔　　〕が、きのう図書館《としょかん》からかりてきた本です。

(2)〔　　〕ことは、きのうたんにんの先生から聞きました。

(3)〔　　〕手紙は、大学生のお姉さんからとどいたものです。

(4)〔　　〕を早く知らせてくれないものだから、とても心配《しんぱい》したのよ。

(5)〔　　〕が、そうじの道具《どうぐ》を整理《せいり》して入れておくところです。

(6)〔　　〕をわすれたら、きっとこまりますよ。

(7)〔　　〕へ行くには、バスで行くほうがよい。

ア そこ　**イ** それ　**ウ** その

3 次の文中の〔　〕に入る言葉をあとからえらんで、記号で書きなさい（二回使ってもよい）。

(1)〔　〕からあの船が来たかわかりますか。

(2)〔　〕が君《きみ》のノートですか。

(3)〔　〕で、こんなめずらしいものをさがしてきたのですか。

(4)〔　〕道を行けば、あなたの学校へ行けますか。

(5)〔　〕を持《も》っていけばいいのか、持ち物《もの》を教えてください。

ア どれ　**イ** どこ　**ウ** どの

4 次の文章《ぶんしょう》からこそあど言葉を四つさがして、——線を引きなさい。

学校へ行くと中、おばあさんに道を聞かれた。どこへ行きたいのかを聞いて、そのおばあさんの行きたい家をいっしょにさがした。その家は、道を聞かれたあの場所《ばしょ》の近くだった。

たいせつ

5 次の文章中の——線は、それぞれ何を指《さ》していますか。あとからえらんで、記号で書きなさい。

(1) 山里に小さな村がありました。その村には、いくつかの店がありましたが、山里の入り口には、竹細工を売る店がありました。

その店には、年老《としお》いたふうふが住《す》んでいました。〔　〕

ア 小さな村にある

イ 竹細工を売る

ウ いくつかの

(2) あきらとたけしは、山のちょう上をめざして、山道を登《のぼ》っていた。しばらく歩くと、遠くに白いとうが見えた。

「あそこまで行ってみよう。」

二人は公園で昼食を食べたあと、またひたすら歩きつづけた。〔　〕

ア 山のちょう上　**イ** 白いとう

ウ 公園

ステップ2

1 次《つぎ》の文中の〔　〕に入る言葉《ことば》をあとからえらんで、記号《きごう》で書きなさい（二回使《つか》ってもよい）。（28点／一つ4点）

(1) 遠くに見える〔　〕は何でしょうか。

(2) 〔　〕様《さま》はどなたでしょうか。

(3) どんぐりが、ここにも〔　〕にも落《お》ちています。

(4) 〔　〕まで行ったら一休みしましょう。

(5) 〔　〕バスに乗《の》ると、おばさんの町へ行くことができます。

(6) 申《もう》しわけありませんが、〔　〕をとっていただけますか。

(7) 〔　〕建物《たてもの》が区役所《くやくしょ》です。

ア あの　**イ** あれ　**ウ** あちら　**エ** あそこ

たいせつ

2 次の文章《ぶんしょう》中の——線(1)～(3)は、それぞれ何を指《さ》していますか。あとの〔　〕に書きなさい。（12点／一つ4点）

ほしたら、かたく、軽《かる》くなった。(1)それは、「水分」がぬけたから。

たとえば、このみかん。しぼってみると、しるがいっぱい出てくる。こんなふうに、食べものにはたくさんの水分がふくまれている。ほしたら、(2)その水分だけがぬけるのだ。

水分がたっぷりの食べものは、そのままおいておくと、カビなどの、目に見えない小さい生きものがくっつき、(3)それらがふえて、くさってしまう。

（森枝《もりえだ》 卓士《たかし》「干《ほ》したから…」）

(1) それ〔　〕

(2) その水分〔　〕

(3) それら〔　〕

たいせつ

3 次の文章中の——線㋐・㋑が指す内ようを書きなさい。（32点／一つ8点）

(1) 松林《まつばやし》の向《む》こうに、白い、大きな建物が見えました。㋐それが天文台でした。㋑ここでは大ぜいの人が、望遠鏡《ぼうえんきょう》で毎日星のかんそくをしています。

㋐ それ

［　　　　］

㋑ ここ

［　　　　］

(2) ウマなどは立ったままねむります。みんなぐっすりはねむれません。人間だけは、あおむけになったりして、ぐっすりねむります。㋐これでは、すぐには立ちあがれません。㋑そんなしせいで平《へい》気《き》でねむるのは、それだけあぶないことから守《まも》られているからです。（香原《こうはら》　志勢《ゆきなり》「2本足と4本足」）

㋐ これ

［　　　　］

㋑ そんなしせい

［　　　　］

4 次の文章中の〰〰線の言葉が指している部分《ぶぶん》に、——線を引きなさい。（28点／一つ7点）

(1) 友だちが走って来て、急《きゅう》にこう言った。
「明日、野球《やきゅう》を見に行くけど、いっしょに来ないか。」

(2) 向こうに真《ま》っ白の建物が見えるだろう。あれが、ぼくらの学校なんだ。

(3) 馬小屋《うまごや》の中で、子馬がよろめきながら歩いていた。その子馬は、きのう生まれたばかりだそうだ。

(4) ぼくは、コロッケとトマトが大すきだ。それが給食《きゅうしょく》で出るときは、かならずおかわりをしている。

12 つなぎ言葉《ことば》

学習のねらい

語と語、文と文をつなぐ言葉についての学習《がくしゅう》です。どんなつなぎ言葉があるのかを知り、それぞれのはたらきをつかみます。

月　日

答え⬇べっさつ13ページ

STEP 1 ステップ1

1 次《つぎ》の文中の〔　〕に入る言葉《ことば》を、あとからえらんで書きなさい（すべて一回ずつ使《つか》うこと）。

(1) 母は、たまご〔　〕ケーキ〔　〕同じスーパーマーケットで買ってきた。

(2) この店では、犬〔　〕うさぎ〔　〕のペットが売られている。

(3) 階《かい》だんを上っ〔　〕、下っ〔　〕する。

(4) 夏休みには、海〔　〕山へ行く計画だ。

(5) 雨がやめ〔　〕、買い物《もの》に出かけよう。

たり　や　とか　ば　たり　も　とか　も

2 次の文章《ぶんしょう》中の〔　〕に入る言葉を、あとからえらんで書きなさい。

ほんとうの月は、ちょっけいが三千五百キロメートルもあるのです〔　〕、地球《ちきゅう》から三十八万キロメートルもはなれたところをまわっている〔　〕、あんなに小さく見えているのです。三十八万キロメートルといえ〔　〕、しんかんせんの〝ひかり号《ごう》〟に乗《の》って走りつづけ〔　〕、八十日もかかるきょりです。月と地球をくらべる〔　〕、ちょっけいは、地球のほうが四倍《ばい》も大きいのです。

（藤井《ふじい》　旭《あきら》「月をみよう」〈あかね書房刊〉）

ので　と　が　ば　のに　ても　や

3 次の五つの文をつなぐ言葉をあとからえらんで、れいのように〔　〕に書きなさい。

アリの行列《ぎょうれつ》は、なぜできるのでしょう。何か音のようなものを出しているのでしょうか。

← れい〔 それとも 〕、

においのようなものを出しているのでしょうか。

← (1)〔　　〕、

アリは、においをかぐ力がとてもすぐれた生き物《もの》です。

← (2)〔　　〕、

真《ま》っ暗《くら》な所《ところ》でも、においをかぎながら動《うご》き回りますし、においで食べ物もさがします。

← (3)〔　　〕、

においをたどって、次々と巣《す》と食べ物との間を行き来するので、行列ができるのです。

それとも　このように　ところで　ですから

たいせつ

4 次の㋐と㋑の文をつなぐ言葉を考えて、〔　〕に書きなさい。

(1)
㋐ すっかり、日がくれた。
←〔　　〕、
㋑ 父は、まだ帰りません。

(2)
㋐ 出かける時、雨がふりそうだった。
←〔　　〕、
㋑ ぼくは、かさを持《も》ってきた。

(3)
㋐ 力いっぱい走った。
←〔　　〕、
㋑ 追《お》いつけなかった。

(4)
㋐ 公園に遊《あそ》びに行った。
←〔　　〕、
㋑ 人がたくさんいた。

ステップ2

時間20分　合かく70点　とく点　点

1 次《つぎ》の文章《ぶんしょう》中の〔　〕に入る言葉《ことば》を、あとからえらんで書きなさい（すべて一回ずつ使《つか》うこと）。（20点／一つ4点）

(1) 空が急《きゅう》に暗《くら》くなりました。〔　　〕、風もはげしくなってきました。

(2) 歩いて区役所《くやくしょ》まで行きますか。〔　　〕、バスで行きますか。

(3) 明日は始業式《しぎょうしき》です。〔　　〕、新しいノートやえんぴつに名前を書いて用意《ようい》しておこうと思います。

(4) 雨がふってきました。〔　　〕、かさがなかったので、近くの店で雨やどりをしました。

(5) 全員《ぜんいん》そろったね。〔　　〕、出かけましょう。

では　だから　でも　それに　それとも

2 次の文章中の〔(1)〕〜〔(4)〕に入る言葉を、あとからえらんで記号《きごう》で書きなさい。（20点／一つ5点）

そのばん、ごんは、あなの中で考えました。

「兵十《ひょうじゅう》のおっかあは、とこについていて、うなぎが食べたいと言ったにちがいない。〔(1)〕、兵十が、はりきりあみを持《も》ち出したんだ。〔(2)〕、わしがいたずらをして、うなぎを取《と》ってきてしまった。〔(3)〕、兵十は、おっかあにうなぎを食べさせることができなかった。そのまま、おっかあは、死《し》んじゃったにちがいない。ああ、うなぎが食べたい、うなぎが食べたいと思い〔(4)〕、死んだんだろう。ちょっ、あんないたずらをしなけりゃよかった。」

（新美《にいみ》 南吉《なんきち》「ごんぎつね」）

ア ところが　イ ながら　ウ だから　エ それで

(1)〔　　〕　(2)〔　　〕　(3)〔　　〕　(4)〔　　〕

たいせつ

3 次の二つの文を、れいのように㋐、㋑の二通りのやり方でつなぎなさい。（40点／一つ5点）

れい
・歯《は》がいたい。
・歯医者《はいしゃ》へ行こう。

㋐〔歯がいたいから、歯医者へ行こう。〕
㋑〔歯がいたい。だから、歯医者へ行こう。〕

(1)
・天気予《よ》ほうでは、今日は晴れらしい。
・今にも雨がふりそうだ。

㋐〔　〕
㋑〔　〕

(2)
・雪がたくさんふった。
・雪だるまを作った。

㋐〔　〕
㋑〔　〕

(3)
・練習《れんしゅう》は、九時からの予定《よてい》だった。
・始《はじ》まったのは十時からだった。

㋐〔　〕
㋑〔　〕

(4)
・父がケーキを買ってきた。
・母もケーキを買ってきた。

㋐〔　〕
㋑〔　〕

4 次の三つの文をつなぐ言葉をあとからえらんで、〔　〕に書きなさい。（20点／一つ5点）

(1)
㋐今朝は、早く家を出た。
←〔　〕、
㋑バスが、とちゅうでこしょうした。
←〔　〕、
㋒とうとう、ちこくしてしまった。

(2)
㋐風が強くなってきた。
←〔　〕、
㋑雨もはげしくふり始めた。
←〔　〕、
㋒台風が近づいているからだ。

さらに　それで　なぜなら　ところが

月　日

答え⬇べっさつ14ページ

時間 25分　合かく 70点　とく点　点

1

次《つぎ》の文章《ぶんしょう》中の〰〰線の言葉《ことば》が指《さ》している言葉に、――線を引きなさい。(20点／一つ5点)

(1) 少し歩くと、大きなかん板《ばん》がある曲《ま》がり角があります。そこを右に曲がりなさい。

(2) あいちゃんは、赤い手ぶくろを買いました。それは、妹へのプレゼントです。

(3) 「それにさわらないでね。」そう言って、姉さんは出かけました。

(4) 山のちょう上に立ちました。そこからは、町全《ぜん》体《たい》を見わたすことができました。

2

次の文章中の――線(1)～(3)が指している内ようを書きなさい。(21点／一つ7点)

わたしのクラスに、山川さんという転校生《てんこうせい》が来ました。先生が、

「では、今日から(1)ここが山川さんのせきです。」

と、わたしのとなりを指《ゆび》さしました。山川さんは、お父さんの転きんで、青森県《けん》から来たそうです。(2)そこは、りんごの生産《せいさん》が日本一で、おじいさんの家もりんごを作っているそうです。でも、今年は天気が悪《わる》く、いいりんごができなかったそうです。(3)そのことで、おじいさんはとても心をいためていたということです。

(1)［　　］　(2)［　　］　(3)［　　］

3

次の上と下で同じ使《つか》い方をしている「と」を、線でつなぎなさい。(15点／一つ3点)

(1) 夏になると　・　　・ア 鉄《てつ》だとじょうぶだ

(2) 母と出かける　・　　・イ 「はい。」と答える

(3) 男子と女子　・　　・ウ 雨がふると寒《さむ》い

(4) 暑《あつ》いと思って　・　　・エ 算数と音楽

(5) 紙だと弱い　・　　・オ 弟と遊《あそ》ぶ

たいせつ

4 次の文章中の〔　〕に入る言葉を、あとからえらんで書きなさい。（18点／一つ3点）

(1) 今朝はいいお天気だった。〔　　　〕、午後から雨がふってきた。

(2) きのうの夜はとても強い風がふいていた。〔　　　〕、庭《にわ》のさくらがちってしまった。

(3) あなたのすきなスポーツは、サッカーですか。〔　　　〕、野球《やきゅう》ですか。

(4) 今日は朝からずっと頭がいたかった。〔　　　〕、せきもとまらなかった。

(5) 学校から帰って公園へ行った。〔　　　〕、自転車でおばさんの家へ行った。

(6) 「今日はいい天気ですね。〔　　　〕、おたくのお父さんはお元気ですか。」

ところで	それで	それから	それとも
けれども	それに		

5 次の文中の□の数に合うひらがなを入れて、つながりのいい文にしなさい。（16点／一つ4点）

(1) 父は無口《むくち》だ□、母はおしゃべりだ。

(2) 父は朝早く起《お》き□、たいそうをしたり、新聞を読ん□□する。

(3) いくらよん□□、返事《へんじ》がありません。

6 次の二つの文を、れいのようにつなげて、一つの文に直しなさい。（10点／一つ5点）

れい　・雨がふった。　・かさをさした。
〔雨がふったので、かさをさした。〕

(1) ・うちの犬は大きい。　・とてもおく病《びょう》だ。
〔　　　〕

(2) ・学校が休みだ。　・門はとじている。
〔　　　〕

13 文の組み立て①

学習のねらい

主語《しゅご》・述語《じゅつご》の関係《かんけい》や、修飾語《しゅうしょくご》の役目《やくめ》など、文の組み立てに気をつけながら、読んだり書いたりする力を身《み》につけます。

月　日

答え⬇べっさつ14ページ

ステップ1

1 次《つぎ》の——線部分《ぶぶん》の役目《やくめ》をあとからえらんで、記《き》号《ごう》で書きなさい(同じものを二回使《つか》ってよい)。

(1) 今日も、〔　〕電車が、〔　〕大雨で〔　〕おくれた。〔　〕

(2) 遠くから、〔　〕山田さんが〔　〕大声で〔　〕わたしを〔　〕よんだ。〔　〕

(3) わたしは、〔　〕あさがおに〔　〕水を〔　〕やります。〔　〕

ア いつ　**イ** どこから　**ウ** 何に
エ 何が(は)　**オ** 何を　**カ** だれが(は)
キ だれを　**ク** なぜ　**ケ** どのように
コ どうした　**サ** どうする

2 文には、次の三つの形があります。あとの文は、それぞれどの形の文にあたりますか。記《き》号《ごう》で書きなさい。

ア 何が(は)　どうする。　(人が来る。)
イ 何が(は)　どんなだ。　(空は青い。)
ウ 何が(は)　何だ。　(ぼくは三年生だ。)

(1)〔　〕ぼくのつくえは、とても大きい。

(2)〔　〕かわいい小犬が、元気よく走り回る。

(3)〔　〕わたしは、海へ泳《およ》ぎに行きました。

(4)〔　〕あの山が、有名《ゆうめい》なふじ山です。

(5)〔　〕校しゃの屋上《おくじょう》は、思ったより広い。

(6)〔　〕今日の夕食は、グラタンとサラダだ。

3 次の文で〰線の言葉《ことば》（述語《じゅつご》）をくわしくしている言葉に、══線を引きなさい。

(1) 大きな　犬が、　ほえながら　走っている。

(2) おなかを　すかしていた　わたしたちは、　大よろこびで　食べました。

(3) ぼくは、　ゆっくり　歩いて　帰りました。

(4) 真《ま》っ赤《か》な　夕日が、　水平線《すいへいせん》に　しずみました。

(5) 一本の　えだが、　ういたり　しずんだりしながら　流《なが》れていきます。

たいせつ

4 次の文の主語《しゅご》には──線を、述語には〰線を引きなさい。

(1) 山の　中に、　一人の　赤おにが　住《す》んでいた。

(2) つめたい　風が、　ヒューヒューと　ふいてきた。

(3) 学校の　運動場《うんどうじょう》は、　公園の　広場より　広い。

(4) 人の　いない　教室は、　とても　しずかだ。

---

5 次の文で、──線の言葉（主語）をくわしくしている言葉に、══線を引きなさい。

(1) いきなり　黒い　ねこが　とび出してきた。

(2) つくえの　上に、　ぶあつい　本が　二さつ　おいてあった。

(3) 小さい　魚は、　大きい　魚の　えさに　なってしまいます。

(4) やきたての　おいしそうな　パンが、　店に　ならんでいる。

(5) 夕方から、　どしゃぶりの　雨が　ふりつづいている。

(6) 大きな　犬が、　ゆっくりと　こちらに　やってきます。

ステップ2

月　日

時間 25分　合かく 70点　とく点　点

答え➡べっさつ15ページ

たいせつ

1 次《つぎ》の文の主語《しゅご》と述語《じゅつご》は何ですか。主語は（　）に、述語は〔　〕に記号《きごう》で書きなさい。（24点／一つ2点）

(1) ア門の イ内がわに、ウ大きな エみかんの オ木が カ一本 キありました。（　）〔　〕

(2) アみかんの イ木に、ウ白い エ花が オいっぱい カさいていました。（　）〔　〕

(3) ア秋には、イ青い ウ実《み》が エたくさん オなりました。（　）〔　〕

(4) ア今日は イ母だけ ウ買い物《もの》に エ出かけています。（　）〔　〕

(5) アぼくは イこの間の ウ日曜日に、エ父と オ水族館《すいぞくかん》へ カ行って キいろいろな ク魚を ケ見ました。（　）〔　〕

(6) ア鳥小屋《とりごや》の イにわとりが、ウ大声で エ鳴いています。（　）〔　〕

2 文がうまくつづくように、〔　〕にくわしくする言葉《ことば》を書き入れなさい。（24点／一つ3点）

(1)
㋐〔　　〕 ㋑〔　　〕 → 花が
↓
㋒〔　　〕 ㋓〔　　〕 → さきました。

(2)
㋐〔　　〕 ㋑〔　　〕 → 魚が
↓
㋒〔　　〕 ㋓〔　　〕 → 泳いでいる。

3 あとの文は、それぞれ次の三つの文の形のどれにあたりますか。記号で書きなさい。（10点／一つ2点）

ア 何が(は) どうする。

イ 何が(は) どんなだ。

ウ 何が(は) 何だ。

(1)〔　　〕雨上がりのにじは、とてもきれいだ。

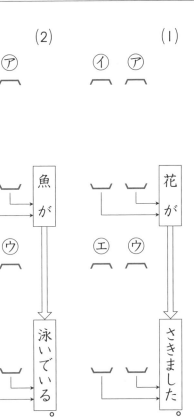

(2)〔　　〕ゆうかさんは、もうすぐ四年生だ。

(3)〔　　〕わたしは、青木さんとならんですわった。

(4)〔　　〕わたしの家から電車の駅《えき》までは、ずいぶん遠い。

(5)〔　　〕同じクラスの中川君《くん》は、東京の学校に転校《てんこう》していった。

4 次の文の組み立てをよく考えて、〔　〕に合う言葉を書き入れなさい。(24点／一つ3点)

(1) 王様《おうさま》は、その場で男に重《おも》いばつをあたえました。

王様は → あたえました。
ア〔　　〕→ あたえました。
イ〔　　〕→ あたえました。
ウ〔　　〕〔　　〕→ エ〔　　〕〔　　〕→ あたえました。

(2) ある日、のり子さんが、小さなにおいつきのおまもりを持《も》ってきました。

のり子さんが → 持ってきました。
ア〔　　〕〔　　〕→ ウ〔　　〕〔　　〕→ 持ってきました。
イ〔　　〕〔　　〕→ エ〔　　〕〔　　〕→ 持ってきました。

5 次の文で、〜〜線の言葉をくわしくしている言葉は何ですか。すべてえらんで、記号で書きなさい。(18点／一つ6点)

(1) アとなりの イおじいさんは、ウ小さな エめすの 黒ねこを オかっています。〔　　　〕

(2) ア九月に イたて直した ウ町の 図書館《としょかん》は、エ駅 前に オある。〔　　　〕

(3) アすやすやと、イかわいい ウ赤ちゃんが エ気持ちよさそうに オえんがわで ねむっている。〔　　　〕

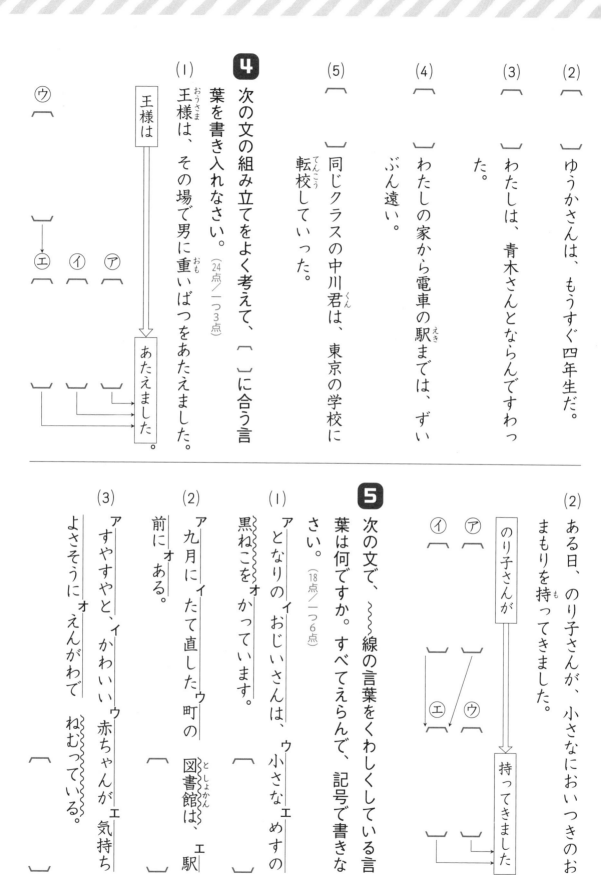

14 符《ふ》号《ごう》の使《つか》い方

学習のねらい

句点《くてん》（。）と読点（、）の役《やく》わりを知り、必要《ひつよう》なところに句読点をつけながら文章《ぶんしょう》を書く力をつけます。また、かぎ（「　」）やそのほかの符号の使い方についてもりかいします。

月　日

答え⬇べっさつ15ページ

ステップ1

1 次《つぎ》の文に一つずつ点（、）をつけるとしたら、どこにつければよいですか。記号《きごう》を◯でかこみなさい。

(1) ぼくはアア三年生でイ弟はウ一年生です。

(2) ニャーニャーとアねこのイ鳴き声がウ聞こえてきます。

(3) 天気がアよければイ山登《やまのぼ》りをウしましょう。

(4) 明日はア日曜日だけどイ早くウ起《お》きよう。

(5) バスをア待《ま》っていたがイなかなかウ来なかった。

(6) きみアもっとイゆっくりウ歩けよ。

(7) ではアわたしのイ家族《かぞく》をウしょうかいします。

2 次の文が表《あらわ》している意味《いみ》をあとからえらんで、記号で書きなさい。

(1) わたしは、かわいい、小鳥のかごを買った。　〔　　〕

ア 小鳥が、かわいい。
イ かごが、かわいい。

(2) わたしは、急《いそ》いで出かけた母を、追《お》いかけた。　〔　　〕

ア 急いで出かけたのは、母。
イ 急いで出かけたのは、わたし。

(3) ぼくは、かおりちゃんと、山田君《くん》の家へ遊《あそ》びに行った。　〔　　〕

ア 遊びに行ったのは、山田君の家だけ。
イ 遊びに行ったのは、かおりちゃんの家と、山田君の家。

3 次の文章《ぶんしょう》には点（、）がついていないので、どこで言葉《ことば》が切れるのか、わかりにくくなっています。それぞれ点を五つつけて、わかりやすい文章にしなさい。

(1) 今日のばん九本目の歯《は》がぬけました。十日ほど前からぐらぐら動《うご》いていて何か食べるたびに今にもぬけそうでした。その間は大すきなおかしもあまりおいしく感《かん》じませんでした。ぬけた歯はとても小さく見えました。

(2) 夏休みに三重県《みえけん》に旅行《りょこう》に行きました。水族館《すいぞくかん》に行ったり船で島《しま》めぐりをしたりとても楽しかったです。食べ物《もの》もおいしく大満足《まんぞく》でした。家に帰ってから旅行の思い出を絵日記に書きました。

4 次の文の……のところは、言葉がはぶかれています。どんな言葉がはぶかれていますか。考えて書きなさい。

・どうぞ、命《いのち》ばかりは……。

〔　　　　〕

5 次の符号《ふごう》は、文中でどんな場合に使《つか》いますか。あとからえらんで、記号で書きなさい。

(1) ・〔　　〕 (2) 「 」〔　　〕

(3) ――〔　　〕 (4) 『 』〔　　〕

(5) ……〔　　〕

ア 人が言った言葉や、ほかの言葉や文をかりてくるときに使う。
イ たずねる言い方のときに使う。
ウ かぎの中にさらにかぎを使うときや、本の名前などを書くときに使う。
エ 言葉や文をはぶくときや、無言《むごん》のときに使う。
オ べつの言葉で言いかえるときや、間《ま》をおくときに使う。
カ 文の終《お》わりに使う。
キ 同じしゅるいの言葉をならべるときに使う。
ク 意味の切れ目や、読みまちがえやすいところに使う。

ステップ2

月　日
答え⬇べっさつ15ページ

時間 25分　合かく 70点　とく点　点

1 次《つぎ》の手紙文に、点（、）を四つ、丸（。）を三つ、かぎ（「　」）を一組つけなさい。（16点／一つ2点）

おじさんお手紙ありがとうございました
大阪《おおさか》のおじさんから手紙が来たよ
と大きな声で知らせるとうちじゅうが集《あつ》まって
きて手紙を読み合いました

2 次の文について、あとの問《と》いに答えなさい。（16点／一つ8点）

ひろ子さんは　お父さんと　お母さんに
おみやげを　買って　きました。

(1) 「ひろ子さんとお父さんが、二人でおみやげを買った」となるように、点を一つつけて書き直しなさい。

[　　　　　]

(2) 「ひろ子さんが、お父さんにもお母さんにもおみやげを買った」となるように、点を一つつけて書き直しなさい。

[　　　　　]

3 次の文を、お母さんとぼくが言ったことにかぎと丸（「〜。」）をつけて、左のますに書き直しなさい。（18点）

大きな声で、おはようと、ぼくが言うと、
いい天気よと、お母さんがほほえんだ。

4 次の文章《ぶんしょう》に、二重《にじゅう》かぎ（『　』）を一組つけなさい。（4点）

ぼくは、学校から急《いそ》いで家に帰ると、お母さんに、

「今日、先生が、遠足は次の水曜日にあります。と、おっしゃったよ。」

と言いました。

5 次の文章には点や丸がついていないので、どこで言葉《ことば》が切れるのか、わかりにくくなっています。この文章に点を六つ、丸を五つつけて、わかりやすい文章にしなさい。（22点／一つ2点）

三びきの子ギツネははじめて外に出てみたのでした大よろこびでよたよたとお母さんのあとについていきましたしばらく行くとお月さまが出ました木のかげがちらちらと落《お》ち葉《ば》の上でゆれますお母さんギツネのかげも子ギツネのかげも落ち葉にくっきりうつります

（椋《むく》　鳩十《はとじゅう》「赤い足あと」）

---

6 次のそれぞれの文章に、点と丸を二つずつつけます。どこにつければよいか、記号《きごう》で書きなさい。（24点／一つ3点）

(1) 秋になるとアいろいろな草やイ木の実《み》がじゅんばんにウじゅくしていきますエ鳥たちに見つけられてオ食べられるカ草や木の実はキほとんどがク目立つ赤や黄色ですケ

点の場所《ばしょ》〔　・　〕

丸の場所〔　・　〕

(2) アフリカの広い草原でアシマウマは、むれになって草をイ食べていますウけれども、みんながエ草を食べている間じゅうオ一頭がカかならずまわりをキ見はっていますク

点の場所〔　・　〕

丸の場所〔　・　〕

ステップ3

月　日　答え⬇べっさつ16ページ

時間 30分　合かく 70点　とく点　点

1 次の文中の〔　〕にあてはまる言葉《ことば》をあとからえらんで、記号《きごう》で書きなさい（すべて一回ずつ使《つか》うこと）。（16点／一つ2点）

(1) ぼくは、〔　〕〔　〕作りました。

(2) みどりさんが、〔　〕〔　〕くれました。

(3) くまが、〔　〕〔　〕とっていました。

(4) このぶどうは、〔　〕〔　〕とどきました。

ア 川で　**イ** 飛行機《ひこうき》を　**ウ** きのう

エ 魚を　**オ** 紙で　**カ** 手紙を

キ おじいちゃんから　**ク** わたしに

2 次の文で、〰〰線の言葉はどの言葉をくわしくしていますか。記号で書きなさい。（9点／一つ3点）

(1) ア暗《くら》い暗いイ夜が、ふろしきのようなウかげをエ広げて、オ野原やカ森をキつつみました。〔　〕

(2) やがて、ア行く手にイぽっつり、ウ明かりがエ一つオ見え始《はじ》めました。〔　〕

(3) ア子どものイきつねは、雪明かりのウ野原を、エよちよちオ歩いていきました。〔　〕

3 次の文の主語《しゅご》には――線を、述語《じゅつご》には〰〰線を引きなさい。（18点／一つ3点）

(1) 新しい電車は、とてもきれいだった。

(2) わたしの赤いさいふが見あたらない。

(3) わたしだけ秋の遠足に行けなかった。

4 次の文の形は何ですか。あとからえらんで、記号で書きなさい。（6点／一つ2点）

(1) 九十才になるおばあちゃんは、とても元気だ。〔　〕

(2) ぼくは、算数の宿題《しゅくだい》をしている。〔　〕

(3) わたしのたん生日は、五月八日だ。〔　〕

ア 何が（は）どうする。　**イ** 何が（は）どんなだ。

ウ 何が（は）何だ。

5 次の文章《ぶんしょう》に、点と丸を四つずつつけなさい。（16点／一つ2点）

ロボットにははたらくロボットのなかまと遊《あそ》ぶロボットのなかまとがあります今、いろいろな分野ではたらくロボットの研究《けんきゅう》と実用化《じつようか》が進《すす》んでいます工場ではたらくロボットは次々とふえていますまた、人間の行くことができない所《ところ》を調査《ちょうさ》するロボットなども開発《かいはつ》されています

6 次の〔　〕にあてはまる符号《ふごう》をあとからえらんで、記号で書きなさい。（15点／一つ3点）

(1) 会話文のときは〔　〕を使い、さらに会話文の中に人の話した言葉を書くときは〔　〕を使います。また、同じしゅるいの言葉をならべるときは、〔　〕を使います。

(2) 言葉や文をはぶくときは〔　〕、べつの言葉で言いかえるときは〔　〕を使います。

ア、　イ……　ウ——　エ「」

オ『』　カ。　キ・

7 次の文章に、点を六つ、丸を六つ、かぎを一組つけて、左のますに書き直しなさい。（20点）

うまやの角をすぎてお花畑《はなばたけ》から麦畑へあがる草の土手の上で虫をふせました
とってみるとかぶと虫でした
ああかぶと虫だかぶと虫とった
と小さい太郎《たろう》は言いましたけれどだれも、何ともこたえませんでした

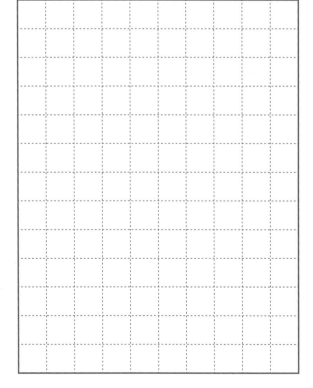

15 詩《し》を読む

学習のねらい

見えるもの、聞こえるものというように感覚《かんかく》をはたらかせて、詩にえがかれた様子《ようす》を想《そう》ぞうします。次《つぎ》に、詩の表《あらわ》している感動《かんどう》を感じ取《と》ります。

月　日

答え⬇べっさつ16ページ

ステップ1

1 次《つぎ》の詩《し》を読んで、あとの問《と》いに答えなさい。

くもは　がようし

宮中《みやなか》　雲子《くもこ》

しろい　くもは
ゆめを　かく　がようし
どんなに　たくさん
かいても
いいですよって
やさしく　そらに
うかんでる

しろい　くもに
なにを　かこうか
かんがえる
おおきく　なったら
したい　ことや
いつか　きっと
なりたい　もの

(1) 「しろい　くも」を何にたとえていますか。四字で書きなさい。

□□□□

(2) 「ゆめを　かく」とありますが、どんなゆめですか。詩の中からさがして二つ書きなさい。

〔　　〕

〔　　〕

(3) 作者《さくしゃ》は、「しろい　くも」をどのように思っていますか。次からえらんで、記号《きごう》で書きなさい。

〔　　〕

ア 何でもかくことができる、べんりなもの。

イ いくらのぞんでも、手に入らないもの。

ウ ゆめをかくことができる、やさしいもの。

2 次の詩を読んで、あとの問いに答えなさい。

表《ひょう》札《さつ》

小松《こまつ》 静江《しずえ》

しっぽをたらして
ぼくの後ついてきた
のら犬
しっしっとおいはらったら
あとずさりして
なきだしそうな顔で
ぼくを見上げた
そいつがこのごろは
ぼくの前を歩く
しっぽをしゃんともちあげて
ときどきふりかえって
ぼくを見る
ちゃんとついてこいよ
なんて目つきで

あいつがいばりだしたのは
犬小屋《いぬごや》に表札*を
かけてからだ

＊表札…名前を書き、家の門や戸にかけておくふだ。

---

(1) 「そいつ」とは、だれを指《さ》していますか。三字で書きなさい。

□□□

(2) 「しっぽをしゃんともちあげて」と反対《はんたい》の様子《ようす》が書かれているところを一行で書きなさい。

〔　　　　〕

(3) 「あいつがいばりだした」とありますが、いばっている様子がよくわかるところを見つけて、そのはじめと終《お》わりの行を書きなさい。

はじめ〔　　　　〕

終わり〔　　　　〕

(4) この詩のおもしろいところをまとめました。次の〔　〕にあてはまる言葉《ことば》を書きなさい。

おいはらったら、なきだしそうな顔の〔　　　　〕だったのに、ぼくの家にかわれるようになって、犬小屋に〔　　　　〕をかけてもらったとたんに、安心《あんしん》して、〔　　　　〕犬の様子のかわりよう。

ステップ2

月　日
答え⬇べっさつ17ページ

時間 25分　合かく 70点　とく点　点

1 次《つぎ》の詩《し》を読んで、あとの問《と》いに答えなさい。

おおきなて　ちいさなて　新沢《しんざわ》　としひこ

とうさんのては　おおきなて
だれにもまけない　りっぱなて
おもたいかばんも　かるがると
さびついたネジも　だいじょうぶ
ビンのふただって　クルクルリ
ぼくのからだも　ひょいとかかえて
ちゅうちゅうがえりで　びっくりさ

ぼくのては　ちいさなて
だれにもまけない　りっぱなて
じゅうえんだまも　ひろえるし
ボタンはずしも　だいじょうぶ
ミミズをつまんで　クルクルリ
とうさんのあしのうらだって
こちょこちょしたなら　イチコロさ

---

(1) とうさんとぼくの手は、どんな手ですか。それぞれ五字で書きなさい。(10点／一つ5点)

・とうさん　［　　　　　］

・ぼ　く　［　　　　　］

(2) 「おもたいかばんも　かるがると」のあとに、言葉《ことば》をおぎなうとすると、どんな言葉がよいですか。自分で考えて書きなさい。(10点)

おもたいかばんも　かるがると［　　　　］

(3) 次の二つの行とにたようなことが書かれている行を、第《だい》二連《れん》からそれぞれぬき出しなさい。(10点／一つ5点)

① さびついたネジも　だいじょうぶ

［　　　　］

② ビンのふただって　クルクルリ

［　　　　］

(4) とうさんとぼくの手をくらべていますが、その中でとうさんに負《ま》けないよという気持《きも》ちが表《あらわ》れている二行に、〰〰線を引きなさい。(15点)

たいせつ

2 次の詩を読んで、あとの問いに答えなさい。

わすれもの　高田《たかだ》　敏子《としこ》

入道雲にのって
夏休みはいってしまった
「サヨナラ」のかわりに
すばらしい夕立をふりまいて

けさ　空はまっさお
木々の葉《は》の一まい一まいが
あたらしい光とあいさつをかわしている

だがきみ！　夏休みよ
もう一度《いちど》　もどってこないかな
わすれものをとりにさ

まいごのセミ
さびしそうな麦わらぼうし
それから　ぼくの耳に
くっついてはなれない波《なみ》の音

(1) きせつは、いつですか。〔　〕に漢字《かんじ》で書きなさい。（5点）

〔　　〕

(2) 夏休みが終《お》わったことを表しているところに、——線を引きなさい。（5点）

(3) 夏休みが、あいさつのかわりにしたことは何ですか。（5点）

〔　　〕〔　　〕のはじめ

(4) 作者《さくしゃ》は、夏休みのことをどのように思っていますか。次からえらんで記号《きごう》に○をつけ、そう考えたわけを書きなさい。（15点／5点・10点）

ア 友だち　イ お母さん　ウ ただの休み

〔　　〕

(5) 夏休みのわすれものを、三つ書きなさい。（15点／一つ5点）

〔　　〕
〔　　〕
〔　　〕

(6) 作者は、新しくやってきたきせつのよろこびも書いています。それは第何連《だいなんれん》ですか。（10点）

第〔　　〕連

16 物《もの》語《がたり》を読む

学習のねらい
場面《ばめん》の様子《ようす》を思いうかべながら、登場人物《とうじょうじんぶつ》の行動《こうどう》や気持《きも》ちを読み取《と》ります。また、人物の人がらや気持ちのうつりかわりをとらえます。

月　日

答え➡べっさつ17ページ

ステップ1

1 次《つぎ》の文章《ぶんしょう》を読んで、あとの問《と》いに答えなさい。

　つめたい月の光でこうこうと明るい夜ふけの広い空でした。

　そこへ、北の方から、まっ白なはねをひわひわと鳴らしながら、百ぱのつるがとんできました。

　百ぱのつるは、みんな同じはやさで、白いはねを、ひわひわと動《うご》かしていました。首をのばしてゆっくりゆっくりとんでいるのは、つかれているからでした。

　なにせ、北のはてのさびしい氷《こおり》の国から、昼も夜も休みなしに、とびつづけてきたのです。

　だが、ここまで来れば、行き先はもうすぐでした。楽しんで待《ま》ちに待っていた、きれいな湖《みずうみ》のほとりに着《つ》くことができるのです。

「下をごらん、山脈《さんみゃく》だよ。」

と、先頭の大きなつるが、うれしそうに言いました。

（花岡《はなおか》　大学《だいがく》「百ぱのつる」）

(1) ――線「夜ふけ」とは、いつごろのことですか。次からえらんで、記号《きごう》で書きなさい。〔　　〕

ア 夜の前　**イ** 夜のはじめ　**ウ** 夜おそく

(2) つるのとぶ音は、どのように表《あらわ》されていますか。

〔　　　　〕

(3) つるはなぜ、つかれているのですか。

〔　　　　〕

(4) 百ぱのつるは、どこを目指《めざ》してとんでいるのですか。

〔　　　　〕

2 次の文章を読んで、あとの問いに答えなさい。

春が来ました。

冬の間ふかくつもった雪でしたが、少しずつとけました。

いちばん早く雪がとけるのは、村の社の石だんです。日当たりがいいからです。

石だんの石のわれめから、とかげが顔を出しました。冬の間ねむっていたのが、目をさまして出てきたのです。

ぺろりと、とかげは、まるでかげがちらちらするような、ほそいしたを出しました。

うめの花のにおいがする。

とかげは、したで春のにおいがわかるのでしょうか。そう、ひとりごとをいいました。

「もう少したつと、春の空の色と同じ色をしたいぬふぐりの花もさきだすよ。ぎん色のねこやなぎのめも出るし、たぜりのはっぱも出てくるよ。」

その時、チリンチリンと、自てん車のベルの音が聞こえてきました。

（平塚《ひらつか》 武二《たけじ》「春の自てん車」）

---

(1) この話に出てくる動物《どうぶつ》を書きなさい。

〔　　　　〕

(2) 雪は、いちばん先にどこからとけ始《はじ》めますか。

〔　　　　〕

(3) とかげのほそいしたの様子《ようす》がわかるところを書きなさい。

〔　　　　〕

(4) 文中で、「　」がぬけているところが一組あります。文中に書き入れなさい。

(5) ——線「そう」が指《さ》しているところを書きなさい。

〔　　　　〕

(6) この話に出てくる植物《しょくぶつ》の名前を、すべて書きなさい。

〔　　　　〕

ステップ2

月　日

答え⬇べっさつ17ページ

時間 25分　合かく 70点　とく点　点

1 次《つぎ》の文章《ぶんしょう》を読んで、あとの問《と》いに答えなさい。

山のふもとからの道を、子どもたちが歌いながら通っていきます。

「夕やけ小やけの赤トンボ。おわれて見たのはいつの日か。」

道ばたのしげみの下えだをそっと持《も》ち上げて、一ぴきのタヌキの子が、①いっしんにそれを見ていました。

子ダヌキは、よくこうやって見ていました。

でも、人々はちっとも気がつきませんでした。

人のいないときは、このタヌキの子は、道まで出てきて、がけのはしから下の道や、ずっとつづいたさきの橋《はし》、それから、川にそって右と左に分かれている道を見るのがすきでした。この道を、自転車《じてんしゃ》やスクーターが通りました。タヌキの子は、ときどき、きらっとお日様《ひさま》に光りながら通る②自転車が、好きでした。

ある日、子ダヌキはお母さんに言いました。

「あっちの下の道のほうへ行ってくる。きれいな光るものもたくさん通るし、子どももいるから。」

お母さんは、□言いました。

「おまえ、③そんなすがたで出ていったら、たいへんだよ。」

でも、子ダヌキは、とてもねっしんにたのみました。

（佐々木《ささき》たづ「少年と子ダヌキ」）

(1) ——線①のときの子ダヌキの気持ちを次からえらんで、記号《きごう》で書きなさい。（10点）［　　］

ア いつもうるさいなあ。

イ とても楽しそうだなあ。

ウ いつかおどろかせてやろう。

(2) ——線②を、べつの言葉《ことば》で言い表《あらわ》しているところがあります。それを書きなさい。（15点）［　　］

(3) □に入る言葉を、記号で書きなさい。（10点）［　　］

ア よろこんで　イ かなしんで

ウ びっくりして

(4) ——線③とありますが、どんなすがたのことですか。（15点）

〔　　　　〕

2 次の文章を読んで、あとの問いに答えなさい。

こんな海岸《かいがん》に住《す》んでいたら、どんなに気持ちがいいだろうと、ぼくは思った。

すると、中山くんは、

「本当は、この絵よりも、百倍《ばい》も、千倍も、きれいな所《ところ》なんじゃで。」

と、得意《とくい》そうに言った。

今度《こんど》の声は大きかったので、①前の席《せき》にいる女の子たちが、いっせいにふり向《む》いて、くすくすわらった。中山くんのことばに②変《へん》ななまりがあったので、それがおかしかったのだ。

すると、中山くんは、はっと気がついたように③顔を赤くして、それからは、もう何をきいても、一言もしゃべらなくなってしまった。いつもの中山くんにもどってしまったのだ。

ぼくは、④中山くんがなぜいつもだまっているのかが、そのとき、やっとわかった。中山くんは、自分のことばのなまりがはずかしかったのだ。それで、わらわれまいとして、しゃべらないように用心していたのだ。

（大石《おおいし》 真《まこと》「貝がら」）

(1) ——線①について、女の子たちは、なぜくすくすわらったのですか。そのわけがわかる文を見つけて、はじめと終《お》わりの五字を書きなさい。（句読点《くとうてん》も一字と数えること。）（10点）

□□□□□～□□□□□

(2) ——線②「変ななまり」とは、中山くんの言葉の中のどこを指《さ》していますか。五字で書きなさい。（10点）

□□□□□

(3) ——線③「顔を赤くして」とありますが、中山くんは、どんな気持ちになったのですか。次からえらんで、記号で書きなさい。（10点）

ア はずかしい気持ち。

イ くやしい気持ち。

ウ おこりたくなる気持ち。

〔　　〕

(4) ——線④について、中山くんは、なぜいつもだまっているのですか。そのわけを書きなさい。（20点）

〔　　　　〕

17 大事《だいじ》なところをおさえて読む

学習のねらい
大事なところは、文章《ぶんしょう》によってちがいます。何について書いたものかをはっきりさせ、大事な点を落《お》とさないで、文章を読み取《と》りましょう。

月　日

答え⬇べっさつ18ページ

STEP 1 ステップ1

1 次《つぎ》の文章《ぶんしょう》を読んで、あとの問《と》いに答えなさい。

たいていの人は、人間を弱い動物《どうぶつ》だと思っています。（①）、人間にはするどいツメもキバもなく、はだかにしてしまえば、きずつきやすいからだをしています。力は弱いし、走るのも（②）速《はや》くありません。

しかし、人間には、手があります。その手をぞんぶんにつかいこなして、③道具《どうぐ》や武器《ぶき》をつくったり、つかったりすることができます。

こんぼうは長くて強い手、刃《は》ものはするどいツメのかわりになります。弓矢をつかえば遠くはなれた動物をたおすことができます。ひとたび武器を手にすると、人間はたいへん強い動物です。しまいにはてっぽうまでつかうようになった人間は、ずいぶんたくさんの動物をころしました。

人間は、いろいろな動物たちの中で、いちばん手ごわい動物なのです。（香原《こうはら》 志勢《ゆきなり》「2本足と4本足」）

(1) （①）・（②）に入る言葉《ことば》を次からえらんで、記号《きごう》で書きなさい。

①〔　　〕 ②〔　　〕

ア もし　イ けっして　ウ たしかに

(2) ――線③「道具や武器をつくったり」とありますが、それらは具体的《ぐたいてき》にはどんなものですか。この文章から四つ書きなさい。

〔　　〕〔　　〕
〔　　〕〔　　〕

(3) この文章で筆者《ひっしゃ》が言いたい、大事《だいじ》な点は次のどれですか。一つえらんで、記号で書きなさい。

〔　　〕

ア 人間は弱い動物だ。
イ 手が人間を強くした。
ウ 人間はたいへん強い動物だ。
エ 人間はたくさんの動物をころしてきた。

2 次の文章を読んで、あとの問いに答えなさい。

「いいかい？　今日の先生だよ。なんでも教えてくださるからね。」

校長先生は、㋐こう言って、一人の男の先生を、みんなにしょうかいした。トットちゃんは、

〔㋑〕とその先生をかんさつした。

〔㋒〕、その先生のかっこうは、かわっていた。

上着《うわぎ》はしまのはんてんで、むねからは、メリヤスのシャツがのぞいていて、ネクタイのかわりに、首には手ぬぐいがぶら下がっていた。そして、ズボンは、こんのもめんのほそいのだし、くつじゃなくて地下《じか》たびだった。おまけに、頭には、少しやぶれた麦わらぼうしをかぶっていた。

今、トットちゃんたちがどこにいるかといえば、学校から少しはなれた九品仏《くほんぶつ》の池のほとりだった。

しばらく、その先生を〔㋓〕見ていたトットちゃんは、その先生に「見おぼえがある！」と思った。

（黒柳《くろやなぎ》　徹子《てつこ》「窓《まど》ぎわのトットちゃん」）

(1) この文章は、だれが、だれを、だれにしょうかいした話ですか。

〔　　〕が〔　　〕を〔　　〕にしょうかいした。

(2) ——線㋐「こう」が指《さ》しているところを書きなさい。

〔　　〕

(3) 先生のかっこうは、どうかわっているのですか。①～⑤について書きなさい。

① 上着〔　　〕

② ネクタイのかわり〔　　〕

③ ズボン〔　　〕

④ くつ〔　　〕

⑤ 頭〔　　〕

(4) 〔㋑〕～〔㋓〕に入る言葉を次からえらんで、記号で書きなさい。

㋑〔　　〕　㋒〔　　〕　㋓〔　　〕

ア なにしろ　**イ** つくづく　**ウ** じろじろ

ステップ2

STEP 2

月　日

答え➡べっさつ18ページ

時間 25分　合かく 70点　とく点　点

1 次《つぎ》の文章《ぶんしょう》を読んで、あとの問《と》いに答えなさい。

花の①かおりは、虫をおびきよせるためのものです。

②バラやキンモクセイ、ユリ、クチナシなど、いいかおりのする花はたくさんあります。この中には、バラのように、こうすいのもとに使《つか》われるものもあります。

また、③ラフレシアという花のように、肉がくさったようなくさいにおいを出しているものもあります。花のかおりは虫をよぶためのものですから、人間にはくさく感《かん》じたりするものもあるのです。

においにさそわれてやってきた虫は、花の中を動《うご》き回ります。④そのとき、おしべの花《か》ふんがめしべにくっつくのです。

めしべに花ふんがつくと、めしべのねもとがだんだんふくらんでいって実《み》ができていきます。

花は、においで虫をよび、実をつくる手助《てだす》けをしてもらっているのです。

においのほかに、きれいな花の色や花が出すあまいみつも、虫をよびよせます。

（久道《ひさみち》　健三《けんぞう》「かがくなぜどうして　二年生」）

(1) ――線①「かおり」とほぼ同じ意味《いみ》を表《あらわ》す言葉《ことば》を、文中から三字でぬき出しなさい。（10点）

(2) ――線②と③の花は、それぞれどんなかおりを出しますか。文中から六字以内《いない》でそれぞれぬき出しなさい。（20点／一つ10点）

② バラ・キンモクセイ・ユリ・クチナシ

③ ラフレシア

(3) ――線④「そのとき」とは、どのときですか。（10点）

〔　　〕

(4) この文章のはじめに「花のかおりは、虫をおびきよせるためのもの」とありますが、花は、虫にどんなことをしてもらっているのですか。その答えになる一文を見つけて、ぬき出しなさい。（10点）

〔　　　　〕

(5) 花のかおりのほかに、虫をよびよせるものを二つ書きなさい。（10点／一つ5点）

〔　　〕〔　　〕

2 次の文章を読んで、あとの問いに答えなさい。

夕方、まだ明るい西の空に、細い細い三日月《みかづき》が、かかっているのを、見たことがあるでしょう。早く見ないと、森の向《む》こうにしずんでしまいそうです。

あしたは、どんな月に見えると思いますか。

日にちがたつと、月はだんだん大きく太って、15日めの夕方には、東の空からまん丸い、満月《まんげつ》になってのぼってきます。

どうして月は、こんなに大きく見えるのでしょう。それは地球《ちきゅう》にいちばん近い星だからです。

満月をすぎると、今度《こんど》は、反対《はんたい》がわからかけてきます。

（藤井《ふじい》　旭《あきら》「月をみよう」〈あかね書房刊〉）

(1) 「三日月」は、どこに見えるのですか。三字で書きなさい。（10点）

□□□

(2) 「あしたは、どんな月に見えると思いますか」とありますが、その答えとしてよいものを次からえらんで、記号《きごう》で書きなさい。（10点）

ア 同じ、細い細い三日月。

イ 少しだけ太った三日月。

ウ 大きく太った月。

〔　　〕

(3) 「満月」とは、どんな月ですか。（10点）

〔　　〕

(4) 「月」は、どうして大きく見えるのですか。（10点）

〔　　〕

1 次《つぎ》の詩《し》を読んで、あとの問《と》いに答えなさい。

昼の月　　金子　みすゞ《ず》

しゃぼん玉みたいな
お月さま、
風ふきゃ、消《き》えそな
［①］。

いまごろ
どっかのお国では、
さばくをわたる
旅人《たびびと》が、
②暗《くら》い、暗いと
いってましょ。

白いおひるの
［③］、
④なぜなぜ
行ってあげないの。

(1) ［①］・［③］には、詩の中にある同じ言葉《ことば》が入ります。それを書きなさい。（10点）
［　　　　］

(2) ――線②とありますが、なぜ、旅人は「暗い、暗い」といっているのですか。（12点）
［　　　　］

(3) 作者《さくしゃ》が――線④のように思った理由《りゆう》を次からえらんで、記号《きごう》で書きなさい。（10点）
［　　　　］

ア さばくの旅人がよんでいるから。
イ 暗くてこまっているだろうから。
ウ おひるに月はいらないから。

2 次の文章《ぶんしょう》を読んで、あとの問いに答えなさい。

①長い月日が、たちました。しかし、親ぎつねは、とうとう帰ってきませんでした。お母さんをさがして、山の中を歩いているうち、子ぎつねは大きくなりました。

あるとき、昔《むかし》、お母さんとすんでいた巣《す》の近くへやってきました。すると、一本の木の下に、ぶどうが生えていました。そのつるが木にまきのぼり、たくさんの、みごとなふさを下《さ》がらせていました。

「②こんなところに、ぶどうがあったかしら。」

子ぎつねは、ふしぎに思いながら、その一つぶを食べました。③なんとおいしいぶどうでしょう。

「ああ、おいしい。ああ、おいしい。」

子ぎつねは、のどをならして、次から次へと食べました。しかしそのとき、ふと、お母さんの声を思いだしました。

「待《ま》っておいで、おいしいものを、とってきてあげる。」

すると、そこにぶどうのなっているわけが、わかりました。
④「そうだ。」
そう思うと、今はどこにいるかわからないお母さんに、声をあげて、お礼《れい》をいいました。

「お母さん、ありがとうございました。」

（坪田《つぼた》 譲治《じょうじ》「きつねとぶどう」）

(1) ――線①「長い月日がたちました」とありますが、長い月日のあとのできごとは、どこから書かれていますか。そのはじめの四字を書きなさい。（10点）

□□□□

(2) ――線②「こんなところ」とありますが、どんなところを指《さ》していますか。くわしく書きなさい。（12点）

〔　　〕

(3) ――線③「なんとおいしいぶどうでしょう」とありますが、おいしそうに食べる様子《ようす》がよくわかる文を見つけて、書きなさい。（10点）

〔　　〕

(4) 子ぎつねの声だけでなく、お母さんぎつねの声が書かれているところがあります。それを書きなさい。（12点）

〔　　〕

(5) ――線④「『そうだ』そう思うと」とありますが、子ぎつねはどう思ったのですか。次の文の〔　〕にあてはまる言葉を書きなさい。（24点／一つ8点）

昔、〔　　〕が、子どもの自分に食べさせようと、〔　　〕をここまで運《はこ》んでくれていたんだ。それが大きく育《そだ》って、こんなにたくさん、おいしい〔　　〕がなって、食べられるようになったんだ。

ステップ3 ②

1 次《つぎ》の文章《ぶんしょう》を読んで、あとの問《と》いに答えなさい。

子どものきつねは、町のひを目当てに、雪明かりの野原をよちよちやっていきました。はじめのうちは一つきりだったひが、二つになり、三つになり、はては、十にもふえました。きつねの子どもは㋐それを見て、ひには、星と同じように、赤いのや、黄色いのや、青いのがあるんだなと思いました。〔①〕町に入りましたが、通りの家々はもうみんな戸をしめてしまって、高いまどからあたたかそうな光が、道の雪の上に落《お》ちているばかりでした。

〔②〕、表《おもて》のかん板《ばん》の上には、たいてい、小さな電灯《でんとう》がともっていましたので、きつねの子は、㋑それを見ながら、ぼうし屋《や》をさがしていきました。自転車《じてんしゃ》のかん板や、めがねのかん板や、㋒そのほかいろんなかん板が、あるものは、新しいペンキでかかれ、あるものは、古いかべのようにはげていましたが、町にはじめて出てきた子ぎつねには、㋓それらのものが、いったいなんであるか分からないのでした。

〔③〕、ぼうし屋が見つかりました。お母さんが道々よく教えてくれた、黒い大きなシルクハットのぼうしのかん板が、青い電灯にてらされてかかっていました。

子ぎつねは、教えられたとおり、とんとんと戸をたたきました。

こんばんは。

〔④〕、中では何かコトコト音がしていましたが、やがて、戸が一すんほどゴロリと開《あ》いて、㋔光のおびが、道の白い雪の上に長くのびました。

（新美《にいみ》 南吉《なんきち》「手ぶくろを買いに」）

(1) 〔①〕～〔④〕に入る言葉《ことば》を次からえらんで、文中の〔　〕に記号《きごう》で書きなさい。（12点／一つ3点）

ア とうとう　イ すると

ウ けれど　エ やがて

(2) 子どものきつねがだんだん町に近づいていく様《よう》子《す》や、時間がたっていく様子がわかる文をさがして、ぬき出しなさい。(10点)

［　　　　］

(3) ——線㋐〜㋒は、それぞれ何を指《さ》していますか。(30点／一つ10点)

㋐［　　　　］
㋑［　　　　］
㋒［　　　　］

(4) 子どものきつねは、どこを目ざして歩いていたのですか。(8点)

［　　　　］

(5) 一か所《しょ》だけ、かたかなで書かなければいけないのに、ひらがなで書かれているところがあります。ぬき出して、かたかなに直して書きなさい。(5点)

［　　　　］→［　　　　］

(6) 一か所だけ、かぎ(「　」)のぬけている文があります。文中に「　」を書きなさい。(5点)

(7) ぼうし屋のかん板は、どんなかん板でしたか。文中からぬき出しなさい。(10点)

［　　　　］のかん板

(8) ——線㋓「それらのもの」にふくまれないものを次からえらんで、記号で書きなさい。(10点)

ア 新しいペンキでかかれたかん板
イ 自転車のかん板
ウ めがねのかん板
エ ぼうしのかん板

［　　　　］

(9) ——線㋔「光のおび」とありますが、何の光ですか。(10点)

［　　　　］

18 説明文《せつめいぶん》を読む

学習のねらい
まず、文章《ぶんしょう》の要点《ようてん》を正しくつかみながら内ようを読み取《と》ります。次《つぎ》に、書いてあることがらを整理《せいり》して、ことがらとことがらとの関係《かんけい》を考え、何についての説明かをつかみます。

月　日

答え➡べっさつ19ページ

ステップ1

1 次《つぎ》の文章《ぶんしょう》を読んで、あとの問《と》いに答えなさい。

頭のてっぺんに鼻《はな》があるのは、クジラのなかまだ。あのクジラのしおふきは、鼻のあなで息《いき》をしているあかしなんだ。

［ア］、なぜ、頭のてっぺんに鼻があるのだろう。それは海を泳《およ》ぎながら息をするのに、都合《つごう》がいいからだ。長い年月をかけて、その場所《ばしょ》で生活しやすいように体の形がかわり、鼻のいちもうつったというわけだ。

［イ］、鼻には息をすることと、もう一つの大きな役目《やくめ》、においをかぐことがある。

においをかぐのがとくいといわれる動物《どうぶつ》には、イヌがいる。そのすぐれた力は、においから手がかりをさがす、けいさつ犬やそうなんきゅうじょ犬として役立《やくだ》てられている。

［ウ］、鼻は道具《どうぐ》としても使《つか》われる。イノシシなどは、地中のえさのありかをかぎ当て、その鼻でほり出して食べてしまう。鼻がスコップの役目をするのだ。

（山本《やまもと》　省三《しょうぞう》「ゾウの長い鼻には、おどろきのわけがある！」）

(1) ［ア］～［ウ］に入る言葉《ことば》を次からえらんで、記号《きごう》で書きなさい。

ア だから　**イ** また　**ウ** では
エ つまり　**オ** さて

ア［　　］　イ［　　］　ウ［　　］

(2) クジラのなかまは、なぜ、「頭のてっぺんに鼻がある」のですか。そのわけを書きなさい。

［　　］

(3) 「においをかぐのがとくいといわれる動物」として、何があげられていますか。

［　　］

(4) この文章では、動物の鼻の役目について三つのことが書かれています。次の表《ひょう》の空らんに、鼻の役目と動物のれいを書きなさい。

鼻の役目	動物のれい
①	クジラ
②	イヌ
道具として使われる。	③

2 次の文章を読んで、あとの問いに答えなさい。

ゴムのじっけんの二番目は、一本のわりばしのはじに輪《わ》ゴムをぐるぐるまきつけます。

まきつけた輪ゴムは、なんだかあめのようですね。しかし、まちがえてなめたりしてはいけません。もっとちがうじっけんです。

輪ゴムをまいたわりばしと、輪ゴムをまかないわりばしでつくえをたたいてみましょう。どちらが音がしますか？

輪ゴムをまかないわりばしは、カンコン音がします。輪ゴムをまいたわりばしは、ぽんぽんはずんで、あんまり音がしません。

わりばしにまいた輪ゴムのように、ゴムはあたりをやわらかくしたり、音を小さくするくせをもっています。

それで、ゴムはくつのそこや、タイヤに使われます。

（加古《かこ》　里子《さとし》「ごむのじっけん」）

(1) ——線「どちらが音がしますか？」とたずねていますが、次のものは、じっけんのけっか、どうでしたか。文中からぬき出しなさい。

① 輪ゴムをまいたわりばし
〔　　　〕

② 輪ゴムをまかないわりばし
〔　　　〕

(2) じっけんのけっか、ゴムはどんなくせをもっていることがたしかめられましたか。
〔　　　〕

(3) (2)のゴムのくせを利用《りよう》して、ゴムはどんなものに使われていますか。二つ書きなさい。
〔　　　〕〔　　　〕

ステップ 2

1 次《つぎ》の文章《ぶんしょう》を読んで、あとの問《と》いに答えなさい。

おふろのそこにかた手をつけただけで、自分の体をうかせたことがありますか。水の中では、体が軽《かる》くなりますね。そして、大人でも、子どもでも、体の大きさに関係《かんけい》なく、同じように、水の中では、軽くなります。

おふろで、かんたんな実験《じっけん》をしてみましょう。

ペットボトルの、大きいのと小さいのを、二つ用意《ようい》します。どちらも空にして、ふたをしっかりしめておきます。

［①］、小さいほうのペットボトルを、お湯《ゆ》の中に全部《ぜんぶ》、入れてください。力を入れておさえないと、水の中に入れることはできません。力をぬくと、あっというまにういてしまいます。［②］、大きいほうのペットボトルを、同じように入れてみましょう。今度《こんど》は、もっと力がいるでしょう。

［③］、大きいものほど、水の中では、うかせようとする力が大きいことがわかります。

ですから、お父さんといっしょにおふろに入ったとき、お父さんには、あなたより、ずっと大きな、うかせようとする力がはたらいていることになります。

おふろにお湯をいっぱい入れて、体をお湯の中にしずめると、水があふれ出ますね。実《じつ》は、このあふれ出た水の量《りょう》の重《おも》さの分だけ、わたしたちの体は、お湯の中では軽くなっているのです。

（久道《ひさみち》　健三《けんぞう》「科学なぜどうして　三年生」）

(1) ［①］～［③］に入る言葉《ことば》を次からえらんで、記号《きごう》で書きなさい。（24点／一つ8点）

①〔　　〕②〔　　〕③〔　　〕

ア しかし　**イ** つまり　**ウ** まず
エ 次に　**オ** さらに

(2) この文章では、どんなことを説明《せつめい》しようとしていますか。次からえらんで、記号で書きなさ

い。（10点）

ア　水の中で、自分の体をうかせるには、どうしたらよいか、ということ。

イ　水の中では、どうして、体が軽くなるのか、ということ。

ウ　なぜ、ペットボトルをお湯の中にしずめるのがむずかしいのか、ということ。

［　　］

(3)　――線「おふろで、かんたんな実験」とありますが、その実験について説明しているのは、どこからどこまでですか。はじまりの段落《だんらく》のさいしょの六字と、終《お》わりの段落のさいごの六字を書きなさい。（12点）

［　　　　　　］～［　　　　　　］。

(4)　「かんたんな実験」で用意したものは何ですか。文中からぬき出しなさい。（10点）

［　　］

(5)　実験では、次のものはどうなっていますか。（12点／一つ4点）

・小さいほうのペットボトル［　　］

・大きいほうのペットボトル［　　］

［　　］

(6)　実験のけっか、どんなことがわかりましたか。（10点）

［　　］

(7)　お父さんと子どもがおふろに入ったとき、どちらのほうに、大きな、うかせようとする力がはたらきますか。（10点）

［　　］

(8)　お湯の中で、わたしたちの体は軽くなるとありますが、どのくらい軽くなるのですか。次の［　］にあてはまる言葉を書きなさい。（12点／一つ6点）

お湯をいっぱい入れたおふろに、［　　］をしずめたときにあふれ出た［　　］の重さの分だけ軽くなる。

19 いろいろな文章《ぶんしょう》を読む

学習のねらい
文章は、大きく分けて「物語文《ものがたりぶん》」と「説明文《せつめいぶん》」に分けられますが、それ以外《いがい》に、日記・手紙・記録《きろく》・報告文《ほうこく》などの文章もあります。要点《ようてん》を正しくつかむことが大切です。

月　日

答え⬇べっさつ20ページ

STEP 1 ステップ1

1 次《つぎ》の文章《ぶんしょう》を読んで、あとの問《と》いに答えなさい。

四月に学校であった歯科《しか》けんしんで、虫歯《むしば》が三本あると言われていました。

ほとんどいたくなかったので、ほうっておいたら、それがいたみだしました。しかたなく、今日お母さんといっしょに、（㋐）に行きました。

お医者《いしゃ》さんは、

「どうしてもっと（㋑）来なかったんだい？　ひどくなってから来たら、ちりょうによけいに（㋒）がかかるんだよ。」

と言われました。

三本のうち二本は、歯をけずって、ねん土のようなものを、つめてもらいました。いちばんいたかった虫歯は、薬《くすり》を飲《の》んで、いたみがひいてからぬこう、と言われました。

ぼくは、これからは虫歯や病気《びょうき》になったら、もっと早くお医者さんに行こうと思いました。

(1) 四月に学校で、何がありましたか。
［　　　　］

(2) ——線「それ」は、何を指《さ》していますか。
［　　　　］

(3) （㋐）〜（㋒）に入る言葉《ことば》を、自分で考えて書きなさい。
㋐［　　　　］　㋑［　　　　］　㋒［　　　　］

(4) 虫歯は、どうなりましたか。
① 二本は、［　　　　］
② 一本は、［　　　　］

(5) 「ぼく」は、どのように反省《はんせい》していますか。
［　　　　］

たいせつ

2 次の文中の〔　〕に入る言葉をあとからえらんで、記号《きごう》で書きなさい。

(1) 手紙文の始《はじ》まりには、「寒《さむ》くなってきました」などの〔　〕のあいさつを書くことが多く、終《お》わりは、「〔　〕」などで終わることが多いです。

(2) 案内文《あんない》では、〔　〕や〔　〕などの大切なことを落《お》とさずに、〔　〕な言葉づかいで書きます。

(3) 日記文は、まず〔　〕を書き、その日の〔　〕も書くことが多いです。

(4) メモは、長い話やれんらくする内ようの〔　〕な部分《ぶぶん》を、〔　〕言葉で、わかりやすく書いておいて、あとで思い出すときにべんりなように使《つか》います。

ア 天気　**イ** 日時　**ウ** 日付《ひづけ》　**エ** 大切
オ きせつ　**カ** さようなら　**キ** 短《みじか》い
ク 場所《ばしょ》　**ケ** ていねい

---

3 次の手紙文を読んで、あとの問いに答えなさい。

おじいちゃん、お元気ですか。わたしは、この四月に三年生になりました。組がえがあって、はじめはとてもさびしかったです。でも、しばらくすると、ドッジボールやおにごっこをして、みんなで遊《あそ》ぶようになりました。いちばんのなかよしは、あいちゃんです。あいちゃんはせが高くて、明るい女の子です。登校《とうこう》するのも、いつもいっしょです。

(1) 何年生の子が、だれに書いたものですか。
〔　〕の子が〔　〕に

(2) どんな遊びをしていますか。二つ書きなさい。
〔　〕〔　〕

(3) この手紙文を、内ようから二つのまとまりに分けるとしたら、どこで分ければよいですか。二つ目の区切《くぎ》りの始まりに、／を書きなさい。

ステップ2

月　日　答え⬇べっさつ20ページ

時間 25分　合かく 70点　とく点　点

1 次《つぎ》の文章《ぶんしょう》を読んで、あとの問《と》いに答えなさい。

六月十二日、午前十一時ごろ、①脱皮《だっぴ》をしている幼虫《ようちゅう》をみつけました。

オオカマキリも、バッタやコオロギとおなじように、大きくなるためには脱皮をして、古い皮《かわ》をぬぎすてなければなりません。ふつう六～七回脱皮をします。

脱皮をくりかえしていくうちに、うす茶色だったからだの色が、だんだんきれいなみどり色にかわってきました。

②からだの色の変化《へんか》は、カマキリにとって、たいへんつごうのいいことです。草の色にまぎれて、えものに気づかれずにちかづくことができるのですから。

③みどり色のからだは、野鳥やトカゲなど、てきの目をあざむくのにもやくだっています。きけんがせまると、草にぴったりとからだをよせて、死《し》んだようにうごきません。まるで、草の中にとけこんでしまったようです。

（栗林《くりばやし》 慧《せん》「カマキリのかんさつ」〈あかね書房刊〉）

(1) ――線①「脱皮をしている幼虫をみつけました」とありますが、それは何の幼虫でしたか。（10点）

〔　　　　〕

(2) ――線②「からだの色の変化」とありますが、何色から何色にかわったのですか。（10点）

〔　　　　〕から〔　　　　〕

(3) 「からだの色の変化」は、カマキリにとって、どうして、つごうがいいのですか。そのわけを書きなさい。（10点）

〔　　　　〕

(4) ――線③「みどり色のからだは、……てきの目をあざむくのにもやくだっています」とありますが、その様子《ようす》をたとえを使《つか》って表《あらわ》している文を見つけて、ぬき出しなさい。（10点）

〔　　　　〕

2 次《つぎ》の劇《げき》の脚本《きゃくほん》を読んで、問《と》いに答えなさい。

〔よひょうに命《いのち》を助《たす》けられたつるは、そのお礼《れい》に、「つう」という、人間の女のすがたになって、およめにくる。二人の幸《しあわ》せなときがすぎる。〕

よひょう　つう……どこさ行くだ……

つ　う　ね、ほんとにあたしをわすれないでね。そのぬの、一まいだけは、いつまでも大事《だいじ》に持《も》っていてね。

よひょう　お、おい、つう……

つ　う　さよなら……さよなら……

よひょう　つう、おい、待《ま》て、待てちゅうに、おらも行くだ。おい、つう、つう……

つ　う　だめよ、だめよ、あたしはもう人間のすがたをしていることができないの。またもとの空へ、たった一人で帰って行かなきゃならないのよ。……さよなら……元気でね……さよなら……さよなら…本当にさよなら……(①消《き》える)

よひょう　つう。つう。つう。どこさ行っただ？おいつう……おい……おい……つうよう…つうよう…(②うろうろと外へ出る)

(木下《きのした》　順二《じゅんじ》「夕づる」)

(1)　つうは、よひょうに何を大事に持っていてほしいと言いましたか。(10点)

〔　　　　〕

(2)　つうとわかれたくないという、よひょうの気持《きも》ちが強く表れている文に、═══線を引きなさい。(10点)

(3)　つうの言葉《ことば》の中から、どうしてもよひょうとわかれなければならないわけをのべているところを見つけて、ぬき出しなさい。(20点)

〔　　　　〕

(4)　つうのよひょうへの思いが強く表れているところに、〰〰線を引きなさい。(10点)

(5)　——線①・②は何を表していますか。次から一つえらんで、記号《きごう》で書きなさい。(10点)

ア　人物《じんぶつ》の気持ち

イ　人物の動作《どうさ》やしぐさ

ウ　ぶたいの様子

〔　　　　〕

20 まとめて読む

学習のねらい

のべられていることがらを、いろいろな角度《かくど》からまとめながら読む力をやしないます。まず段落《だんらく》ごとの要点《ようてん》をつかみ、次にその文章《ぶんしょう》の主題《しゅだい》は何かをとらえられるようにします。

月　日

答え⬇べっさつ20ページ

ステップ1

1 次《つぎ》の文章《ぶんしょう》を読んで、あとの問《と》いに答えなさい。

山田君《くん》が、小さな空きかんを持《も》ってやってきました。今日、学校で、どんぐり拾《ひろ》いに行くやくそくをしたのです。ぼくは、みかん箱《ばこ》を持ってきて、それになわをかけ、二人で持って出かけました。

ゆうびん局《きょく》の角を曲《ま》がって、坂《さか》を下ると、向《む》こうのほうで、「おーい、早く来いよ。」と、だれかがさけんでいます。みんなが、もうお宮《みや》の大きな木に登《のぼ》って、えだをゆすぶっているようです。大急《おおいそ》ぎで木の下へ行くと、どんぐりが頭の上からぱらぱらと落《お》ちてきたので、山田君といっしょに拾いました。百五十こぐらい拾うと、みんなが下りてきて、「ずるいや、今度《こんど》は君《きみ》たちがゆすぶって落とすんだよ。」と言いました。しかたなく、山田君とぼくは、木に登ってえだをゆすぶりました。

すると、どんぐりがとびちりました。

(1) 何について書いた作文ですか。

〔　　　〕

(2) この文章を三つに分けるとしたら、どこで分ければよいですか。二つ目、三つ目の区切《くぎ》りの始《はじ》まりに、／を書きなさい。

(3) それぞれの区切りは、何について書いてありますか。かんたんに書きなさい。

一つ目〔　　　〕

二つ目〔　　　〕

三つ目〔　　　〕

(4) (3)のまとまりを段落《だんらく》といいますが、書くときは、どのように表《あらわ》しますか。

〔　　　〕

2 次の文章を読んで、あとの問いに答えなさい。

先生が、「ぱなしはやめましょう。」と、いきなりおっしゃったので、何のことかと思った。紙ひこうきをちらかしっぱなしにしたことを、注意《ちゅうい》されたのだった。

朝、町田君が、パン屋《や》の広告《こうこく》を、たくさん持ってきた。㋐これで紙ひこうきを作ってとばそうと言って、みんなに分けた。みんなは、運動場《うんどうじょう》でとばした。うまくとばなかったり、だめになったりすると、また、新しいのを作ってとばした。運動場は、㋑紙くずだらけになった。

先生は、「むだ話とやりっぱなしは、みんなのめいわくです。」とおっしゃった。

(1) 先生は、何のことを注意しましたか。

〔　　〕

(2) 先生が注意したことについては、どこに書いてありますか。漢数字《かんすうじ》で二か所《しょ》書きなさい。

① 〔　〕行目から〔　〕行目まで

② 〔　〕行目から〔　〕行目まで

(3) (2)のほかのところには、どんなことが書いてありますか。

〔　　〕

(4) 紙ひこうきの紙は、だれがもってきましたか。

〔　　〕

(5) ――線㋐「これ」は、何を指《さ》していますか。

〔　　〕

(6) ――線㋑「紙くずだらけ」とありますが、このようになったのは、なぜですか。文中の言葉《ことば》を使《つか》って書きなさい。

〔　　〕

1 次《つぎ》の文章《ぶんしょう》を読んで、あとの問《と》いに答えなさい。

しおは、食べものを長くとっておくためにも使《つか》う。ひものやつけものをつくるときにしおを使うのは、ばいきんをよせつけないようにして食べものをくさりにくくするため。

うどんやかまぼこ、ソーセージなどをつくるときにもしおを使う。ねばりやコシをだすためだよ。

みそやしょうゆ、それにパンをつくるときにもしおを使う。どうしてしおを使うんだろう？

みそやしょうゆは「こうじきん」、パンは「イーストきん」や「こうぼきん」というとても小さな生きものの力をかりてつくるんだ。これを「はっこう」という。

でも、はっこうしすぎるとあまりおいしくなくなってしまう。しおを入れるとはっこうしすぎないようにできるんだ。

（山本《やまもと》　省二《しょうぞう》「いのちをまもる　しおと水」）

---

(1) この文章は、しおを使ってつくる食べものについて説明《せつめい》しています。次の表《ひょう》は、その食べものと、しおを使う理由《りゆう》を整理《せいり》しています。空らん①～⑤にあてはまる言葉《ことば》を書きなさい。（40点／一つ8点）

食べもの	しおを使う理由
ひもの ①［　　］	くさりにくくするため。
うどん ②［　　］ ソーセージ	③［　　］
④［　　］ しょうゆ パン	⑤［　　］

(2) 次のものは、それぞれしおと何の力をかりてつくられますか。（15点／一つ5点）

月　日
答え⬇べっさつ21ページ
時間 25分
合かく 70点
とく点　点

・しょうゆ〔　　〕

・パン〔　　・　　〕

2 次の文章を読んで、あとの問いに答えなさい。

おはしは三千年以上《いじょう》前、中国で生まれたらしい。それよりも前は手で食べていたということだ。スープなどを飲《の》むためのレンゲやスプーンといっしょに使《つか》われ、それが近くの国々にも広まった。日本にも、さいしょはおはしとスプーンのセットが入ってきたが、木の器《うつわ》やちゃわんが使われ、しるのものも器をじかに口につける食べかたがふつうになり、スプーンは使わなくなった。おはしだけになった。

中国やベトナムのおはしは、日本のものよりも長い。大きな皿《さら》にもった料理《りょうり》を、みんなの中央《ちゅうおう》におき、手をのばして食べるからだ。日本ではむかしは一人一人のおぜんに料理をもったから、短《みじか》いおはしでよかったのだ。

（森枝《もりえだ》 卓士《たかし》「手で食べる？」）

(1) 文末《ぶんまつ》に使われている、「だいたいそのようだ」という気持《きも》ちを表《あらわ》す言葉《ことば》を二つぬき出しなさい。（10点／一つ5点）

〔　　〕〔　　〕

(2) 「おはし」は、いつごろ、どこで生まれましたか。（10点／一つ5点）

・いつごろ〔　　〕

・どこで〔　　〕

(3) 「おはし」は、さいしょ日本にはどんな形で入ってきましたか。〔　〕にあてはまる言葉を書きなさい。（5点）

〔　　〕という形。

(4) 中国やベトナムの「おはし」と、日本の「おはし」のちがいを書いて、そのわけをそれぞれ書きなさい。（20点／一つ5点）

・中国やベトナムのおはし＝〔　　〕

そのわけ〔　　〕

・日本のおはし＝〔　　〕

そのわけ〔　　〕

時間 30分
合かく 70点
とく点　　点
月　日
答え⬇べっさつ21ページ

1 次《つぎ》の文章《ぶんしょう》を読んで、あとの問《と》いに答えなさい。

インスタントラーメンをつくるには、はじめにお湯《ゆ》をわかします。コンロにヤカンをのせて火をつけると、ほら、お湯がわきました。ヤカンの中の水は、火に直接《ちょくせつ》さわってさえいないのに、よく考えるとふしぎです。目には見えないけれど、火が水に、ヤカンを通して①何かをわたしたのです。

「鉄《てつ》のヤカンを通れる物《もの》なんてないよ」などと言ってはいけません。だって、それは「物」ではありません。「物」ではないけれど、たしかにあるもの。その名前は、エネルギーです。

エネルギーのことを、もっと考えてみましょう。わたしたちはよく「エネルギーを持《も》っている」という言い方をします。②これは、まだ何をしていなかったとしても、物が、③自分や自分の外がわにたいして何かをできるじょうたいにあるよ、ということを意味《いみ》します。自分や自分以外《いがい》の物を、変化《へんか》させるチカラを持っているということです。

「エネルギーをつかう」という言い方もします。④何か変化がおきているところでは、かならずエネルギーがつかわれているのです。水がお湯になるときも、暗《くら》い部屋《へや》が明るくなるときも、地《じ》面《めん》にあった物が持ち上げられるときも。変化がおきているところでは、物と物とのあいだで、かならずエネルギーがやりとりされています。

エネルギーそのものは目で見ることはできなくても、それが「していること」は目で見ることができるというわけです。

（池内《いけうち》　了《さとる》「エネルギー」）

(1) この文章を大きく二つのまとまりに分けると、後半はどこから始《はじ》まりますか。その段落《だんらく》のはじめの六字をぬき出しなさい。(14点)

□□□□□□

(2) ――線①「何かをわたした」とありますが、その「何か」とは何ですか。次からえらんで、記《き》

号《ごう》で書きなさい。(10点)

ア お湯　イ 鉄のヤカン　ウ 火

エ 物　オ エネルギー

〔　　〕

(3) ――線②「これ」は何を指《さ》していますか。(12点)

〔　　〕

(4) ――線③「自分や自分の外がわにたいして何かをできるじょうたいにある」と、ほぼ同じ意味の部分《ぶぶん》を見つけて、ぬき出しなさい。(10点)

〔　　〕

(5) ――線④「何か変化が……エネルギーがつかわれている」とありますが、そのれいとしてどんなときがあげられていますか。三つ書きなさい。(24点／一つ8点)

〔　　〕

〔　　〕

〔　　〕

(6) この文章の中心になる話題《わだい》は何ですか。〔　〕にあてはまる言葉《ことば》を書きなさい。(10点)

〔　　〕とはどんなものかということ。

---

2 次のお知らせを読んで、あとの問いに答えなさい。

子ども会（　　）のお知らせ

1 日　時　九月十日（土）　小学校正門前集合《しゅうごう》

2 行き先　三上山《みかみやま》山ちょう

3 [　　] 長そでシャツ・上着《うわぎ》・長ズボン・はきなれたくつ

4 [　　] べん当・水とう・しき物《もの》・タオル・雨具《あまぐ》

(1) （　）に入る言葉を次からえらんで、記号で書きなさい。(5点)

〔　　〕

ア 野球《やきゅう》大会　イ 夏祭《なつまつ》り　ウ ハイキング

(2) 「日時」には、大切なことがらがぬけています。何がぬけていますか。(5点)

〔　　〕

(3) 3と4の見出しがぬけています。漢字《かんじ》とひらがなの三字で書きなさい。(10点／一つ5点)

3 [　　　]

4 [　　　]

21 文の組み立て②

学習のねらい
文章《ぶんしょう》の組み立てについて学びます。また、語と語や文と文とのつづき方に注意して、文章を読む力、書く力をやしないます。

月　日

答え⬇べっさつ21ページ

ステップ1

1 次《つぎ》の文章《ぶんしょう》を読んで、あとの問《と》いに答えなさい。

森の木たちは、秋になると、たくさんのどんぐりを落《お》としていました。昔《むかし》のそのまた昔から、毎年毎年①そうしていました。

森の動物《どうぶつ》たちがやってきて、このどんぐりをうれしそうに食べるのを、どんぐりの木たちはこれまた②うれしそうに見ていました。どうして食べられるのがうれしいかっていうとね、③こういうわけなんです。

動物たちは、だいこうぶつのどんぐりをたくさん食べたあと……、あちこちの地面《じめん》にあなをほって、どんぐりをかくします。冬の間食べものがなくなるので、このどんぐりをほり出して食べるのです。動物たちはよくばりで、食べる分よりいつもよけいにうめますから、あまりがでます。春になると、そのどんぐりが地面から芽《め》を出し……ぐんぐん育《そだ》って、④どんぐりの子どもの木になります。つまり、動物たちはどんぐりをたくさん食べるかわりに、どんぐりのたねを少し植《う》えてくれていたのです。自分ではそうと知らずにね。⑤どんぐりが食べられるのを、どんぐりの木たちがうれしそうに見ていたわけがこれでわかったでしょう。

（こうや　すすむ「どんぐりかいぎ」）

(1) ――線①「そう」は何を指《さ》していますか。

〔　　　　〕

(2) ――線②「うれしそうに見ていました」とありますが、㋐だれが、㋑何を、うれしそうに見ていたのですか。

㋐ だれが〔　　　　〕

㋑ 何を〔　　　　〕

(3) ――線③「こういうわけなんです」の「こう」が指しているのは、この文章のどこからどこまでですか。はじめと終《お》わりの五字をそれぞれ書きなさい(句読点《くとうてん》も一字と数えます)。

はじめ [　　　　　]

終わり [　　　　　]

(4) ――線④の「どんぐりの子どもの木」になるのは、何ですか。次からえらんで、記号《きごう》で書きなさい。

〔　　〕

ア 動物たちが食べたどんぐり。

イ 動物たちが食べるために地面からほり出したどんぐり。

ウ 動物たちが食べる分よりよけいにうめて、あまったどんぐり。

(5) ――線⑤「どんぐりが食べられるのを、……うれしそうに見ていたわけ」を、次のようにまとめました。〔　〕にあてはまる言葉《ことば》を書きなさい。

動物たちが〔　　　　　〕にそなえて、どんぐりを地面のあなに、食べる分より〔　　　　　〕うめて、あまったものがやがて芽を出して、子どもの〔　　　　　〕になるので、けっかとして、動物たちがどんぐりの〔　　　　　〕を植えてくれていたことになるわけだ。

2 言葉がうまくつづくように、〔　〕に番号《ばんごう》を書きなさい。

(1)

〔　〕ところが、

〔　〕うらの畑《はたけ》に

〔　〕畑は、すっかりひからびてしまいました。

〔　〕なえを植えたあと、

〔　〕野菜《やさい》のなえを植えました。

〔　〕ちっとも雨がふりません。

(2)

〔　〕そして、心のこもったたよりほど、

〔　〕手紙は、

〔　〕人をよろこばせるものはありません。

〔　〕人と人の心をむすぶ橋《はし》といわれています。

月　日
時間 25分　合かく 70点
とく点　点
答え⬇べっさつ22ページ

たいせつ

1 次《つぎ》の文章《ぶんしょう》を読んで、あとの問《と》いに答えなさい。

暑《あつ》い夏の日の午後、プチプチとちいさなあわのはじけるサイダー。そこに①色のついた氷《こおり》がうかんでいたら、夏の日はもっとたのしくなりそうです。いちごにメロンにレモン、いろいろな色と味《あじ》のシロップを水にとかして氷をつくります。その氷をけずるだけで色とりどりのかき氷もできます。

でも、②色のついたこんな氷、あなたは見たことありますか？

オレンジ色の氷なら見たことがあるという人がいるかもしれません。オレンジジュースをこおらせると、オレンジ色のかたまりができます。表面《ひょうめん》を、そっとスプーンでけずってみてください。ガラスのかけらのようなこまかい氷がたくさんあつまっています。③これが、オレンジジュースの中の水がこおってできた氷です。その一まい一まいすべて無色《むしょく》とうめい。ざんねんながら色はついていません。なめてみると、味もそんなにあまくありません。

こんどは、④コップのそこにたまっているジュースを飲《の》んでみてください。とってもこくてあまい味がします。水分がほとんどなくなったこいオレンジジュースが、氷におしだされコップのそこにたまっていたのです。

（前野《まえの》　紀一《のりかず》「こおり」）

(1) この文章を二つの大きなまとまりに分けると、後半はどの段落《だんらく》から始《はじ》まりますか。その段落のはじめの五字を書きなさい。（15点）

□□□□□

(2) ――線①「色のついた氷」とありますが、その「色」を感《かん》じさせる食べものを三つ、文中からぬき出しなさい。（15点／一つ5点）

［　　　］［　　　］［　　　］

(3) ——線③「これ」は何を指《さ》していますか。くわしく書きなさい。(15点)

〔　　　〕

(4) ——線②「色のついたこんな氷、あなたは見たことありますか?」という問いに対《たい》する、筆者《ひっしゃ》の答えとして合うものを、次からえらんで、記号で書きなさい。(10点)〔　　〕

ア かき氷のように、色のついた氷はいろいろある。

イ オレンジ色の氷ならかならずある。

ウ 氷には色はついていなくて、無色とうめいである。

エ 色のついた氷も、無色とうめいな氷もつくることができる。

(5) ——線④「コップのそこにたまっているジュース」が、なぜ「とってもこくてあまい味」がするのですか。(15点)

〔　　　〕

2 言葉《ことば》がうまくつづくように、〔　〕に番号《ばんごう》を書きなさい。(30点/一つ10点)

(1)
〔　〕火が出た時、
〔　〕消《け》し止めるための
〔　〕消火器《しょうかき》は、
〔　〕道具《どうぐ》です。
〔　〕大きく広がらないうちに

(2)
〔　〕とび出すことは、
〔　〕人間が
〔　〕ゆめでは
〔　〕うちゅうに
〔　〕なくなりました。

(3)
〔　〕ごくわずかですが、
〔　〕養分《ようぶん》にするものがあります。
〔　〕これを、
〔　〕小さな虫をつかまえて、
〔　〕食虫植物《しょくぶつ》といいます。
〔　〕植物の中には、

22 文章《ぶんしょう》を書く ①（ことがらを整理《せいり》して）

学習のねらい
ひつようなことがらを整理し、つたえたいことは何かを考えて文章を書く力をやしないます。また、自分の書いた文章を読み返《かえ》して、まちがいなどを正す習慣《しゅうかん》をつけます。

月　日

答え⬇べっさつ22ページ

ステップ1

1 次《つぎ》の手紙文を読んで、あとの問《と》いに答えなさい。

おじさん、こんにちは。

先日はみかんをたくさん送《おく》ってくださって、ありがとうございました。おいしいみかんだったので、わたしは、一度《いちど》に五つも食べました。

うちでは、みんな元気でいます。お父さんは、このごろは、いつも会社からおそく帰ります。年《ねん》末《まつ》で、仕事《しごと》がいそがしいのだそうです。

わたしも毎日、元気で遊《あそ》んでいます。もうじき、クリスマスとお正月が来るので、うれしくてたまりません。

今日はお昼から、お母さんと駅前《えきまえ》へ買い物《もの》に行きました。どの店のまどにも、赤い服《ふく》のサンタクロースがかざってありました。とてもきれいなクリスマスツリーがあったので、それを見ていて、お母さんとはぐれそうになりました。

おじさん、お正月には、ぜひみんなで遊びに来てください。

十二月十八日　　小川ゆう子

おじさん

(1) この手紙は、だれがだれに出したものですか。

〔　　〕が〔　　〕に

(2) この手紙は、いつ出しましたか。

〔　　〕

(3) この手紙は、次のどれにあたりますか。二つえらんで、記号《きごう》で書きなさい。

〔　　〕〔　　〕

ア くらしの様子《ようす》を知らせる手紙
イ おわびの手紙
ウ お礼《れい》の手紙
エ お見まいの手紙

2 次の文章《ぶんしょう》を読んで、あとの問いに答えなさい。

○月二十五日　水曜　晴れ　　田中・水田

先生のお友だちが、学校を見学にア いらっしゃいました。そして、わたしたちの教室にもいらっしゃって、国語のじゅ業《ぎょう》をイ ごらんになりました。

お昼休みに、そのお友だちが、思い出に写真《しゃしん》をとりたいとウ 言ったので、わたしたちは、運動場《うんどうじょう》のいちょうの木の下に集《あつ》まって、先生を真《ま》ん中にしてならびました。いちょうの葉《は》が真っ黄色で、わたしたちのかたの上に、ちらほらちってきました。

先生のお友だちが、

「はい、写《うつ》しますよ。」

とおっしゃったとき、だれかがわらい出したので、みんなつられてエ わらいました。

先生のお友だちは、わたしたちに

「いい思い出ができたわ。ありがとう。」

とおっしゃって、オ 帰って行かれました。

(1) いつごろの文章ですか。きせつを書いて、それがわかる言葉《ことば》を文中からぬき出しなさい。

［　　・　　］

(2) ――線ア～オで、書き方が正しくないものを一つえらんで記号で答え、正しく書き直しなさい。

［　　・　　］

(3) 次のメモは、この文章を書く前のものです。ぬけている②～④のところを書き入れなさい。

はじめ	なか		おわり
先生のお友だちが来た	お昼休みに集まった	写真をとるときの様子	先生のお友だちが帰った
① 学校を見学に来て、国語のじゅ業を見た。	②	③	④

月　日

答え⇒べっさつ22ページ

時間 25分　合かく 70点　とく点　点

たいせつ

1 次《つぎ》の手紙文を読んで、あとの問《と》いに答えなさい。

北川君《くん》、体の具合《ぐあい》はどうですか。

今日、先生から、北川君がもうちょうの手じゅつをしたことを聞いて、びっくりしました。でも、手じゅつのあとがよいということで、安心《あんしん》しました。

学校では、水泳《すいえい》が始《はじ》まりました。今日は、プールで石拾《いしひろ》いのきょうそうをしました。ぼくは、体がういて、なかなか石が拾えませんでした。

北川君、早くよくなって、学校へ来てください。みんな、待《ま》っています。

七月十日　　大山かずお

北川太一君

(1) この手紙は、だれがだれに出したものですか。(10点／一つ5点)

〔　　〕が〔　　〕に

(2) 北川君は、今どうしているのですか。(12点)

〔　　〕

(3) この手紙は、次のどれにあたりますか。記号《きごう》で書きなさい。(10点)

ア お礼《れい》の手紙　**イ** 人をまねく手紙

ウ お見まいの手紙

〔　　〕

(4) 次のメモは、この手紙を書く前のものです。ぬけている②～⑤のところを書き入れなさい。(40点／一つ8点)

はじめのあいさつ	本文（つたえたいこと）		むすびのあいさつ	あとづけ
① 体の具合はどうか。	②	③	④	⑤ ㋐ ㋑ 大山かずお

2 次の文章《ぶんしょう》を読んで、あとの問いに答えなさい。

きのうのばんでした。

「ずいぶん長い冬だった。あんなにふった雪も、よくとけたもんだよ。雪がとけたら、また、お寺まいりができるしなあ。」

と、おばあさんがうれしそうに言いました。

「すいせんもめを出したのだから、もう、にしんがとれてもいいころなんだけどね。早く食べたいね。」

と、お母さんも、ごはんをもりながら言いました。

「食べたいね。」「食べたいね。」

と、わたしと妹が大きな声で、ふしをつけて言ったので、みんながわらいました。

「さあ、雪がとけたら、また、畑《はたけ》だね。今年は、すいかの大きいのを、たくさんとってやるよ。」

お父さんも、わらって言いました。

「いいね。いいね。」

妹が、手をたたいてよろこびました。

みんな、雪どけを待っています。そしたら、石けりもできるし、なわとびもできるし、さくらの木の下にむしろをしいて、おもちゃ屋《や》さんごっこもできるし、ほんとうに、早く雪がとけたらいいと思います。

(1) この文章の題《だい》として合うものを次からえらんで、記号《きごう》で書きなさい。(10点)　〔　　〕

ア お寺まいり

イ にしんが食べたい

ウ すいせんのめ

エ 雪がとけたら

(2) 次のメモは、この文章を書く前のものです。ぬけているところを書き入れなさい。(18点)

はじめ	きのうのばんだ。
なか	雪がとけたら何をしようかと家族《かぞく》で話した。
	おばあさんは、
おわり	早く雪がとけたらいいと思う。

23 文章《ぶんしょう》を書く ②（よくかんさつして）

学習のねらい 書こうとするものをよくかんさつして、そのざいりょうを使《つか》って文に書けるようにします。また、いろいろな書き表《あらわ》し方があることにも気づきます。

月　日

答え⬇べっさつ22ページ

ステップ 1

1 次《つぎ》の文章《ぶんしょう》を読んで、あとの問《と》いに答えなさい。

五月十一日（月）　くもり

へちまが、めを出した。やわらかい①土を持《も》ち上げるようにして、めを出した。丸いものを、荷《に》物《もつ》のようにぶら下げている。

五月二十二日（金）　晴れ

くるっとまいていた本葉《ほんば》が、開《ひら》いた。緑《みどり》の色が、少しこくなっている。ふた葉とちがって、葉のふちが、小さなぎざぎざになっている。②へちまの葉らしい形だ。

(1) ㋐五月十一日、㋑五月二十二日は、へちまのどんなことについて書いてありますか。

㋐〔　　〕

㋑〔　　〕

(2) ——線①「土を持ち上げるよう」とは、へちまがどうした様子《ようす》をたとえたのですか。

〔　　〕

(3) 本葉とふた葉とでちがっているのは、何ですか。

〔　　〕

(4) ——線②「へちまの葉らしい形」とは、どんな形ですか。

〔　　〕

2 次の文章を読んで、あとの問いに答えなさい。

かんさつするうちにわかってきたのですが、親ダヌキの活動《かつどう》時間は日没《にちぼつ》30分前から、朝は夜明け後2時間が中心です。

巣《す》あなの前で、昼近くにときどき見るのはメスです。子どもたちにおちちをあげ、少しあそんでやっています。でも長つづきはしません。おちちをねだりつづける子どもたちにまいってしまい、にげ出すといった感《かん》じです。

オスらしい親ダヌキを見たのは、二度《にど》だけです。ふうふでフンフンと小声を出してあいさつをしていました。

（竹《たけ》田《た》津《づ》　実《みのる》「タヌキ」）

(1) 何をかんさつしているのですか。

〔　　　　〕

(2) ——線について、親ダヌキの主《おも》な活動時間としてあてはまるものを次からえらんで、記号《きごう》で書きなさい。　〔　　〕

ア 朝から昼　　**イ** 昼から夕方

ウ 夜から朝　　**エ** 一日じゅう

(3) 親ダヌキの行動《こうどう》や様子がわかる文を三つ見つけて、それぞれはじめの五字を書きなさい。

・□□□□□
・□□□□□
・□□□□□

3 次の地図を見て、駅《えき》から山田さんの家までの道《みち》順《じゅん》を、(1)から(5)のやじるしのとおりに説明《せつめい》しなさい。

(1) まず、駅を出るとすぐ左へ曲《ま》がって、たばこ屋《や》の前を通って行きます。

(2) 〔　　　　〕。

(3) そして、一つ目の角を〔　　　　〕、左に消《しょう》ぼうしょがあります。そのまま、まっすぐに行くと、〔　　　　〕。

(4) そこを〔　　　　〕。

(5) そして、〔　　　　〕少し行くと、左に見えるのが山田さんの家です。

STEP 2

ステップ2

月　日
答え⬇べっさつ23ページ

時間 25分　合かく 70点　とく点　点

たいせつ

1 次《つぎ》の文章《ぶんしょう》を読んで、あとの問《と》いに答えなさい。

1 庭《にわ》の木に、大きなおにぐもが、すをはりました。すは、五メートルもはなれた、もみの木とまつのえだとの間にあります。いちばん高いところは、地面《じめん》から七メートルぐらいもあります。

2 あんなところに、どんなふうにして、すをはるのかと思うと、ふしぎでなりません。

3 そこで、今日は、姉さんと、くものすのはり方を調《しら》べてみることにしました。

4 [あ]、さおを持《も》ってきて、今まではってあったすを、取《と》ってしまいました。

5 午後三時すぎに、おにぐもが、もみの木から糸にぶら下がって、すーっと下りてきました。わたしたちは、どうするのかと思って、じっと見ていました。

6 [い]、くもは、とちゅうまで来て、もう動《うご》こうとしません。あんまり長い間じっとしているので、わたしは少しあきてきました。そのとき、

「ほらほら、ごらんよ。」

と、姉さんが、まつのえだのほうを指《ゆび》さしました。

7 細い糸が何本か、風に流《なが》されて、[う]しているのが見えました。(ア)そのもとを見ると、くものおしりから出ているのです。糸は、風に乗《の》って、だんだん長くなります。

8 [え]、(イ)その糸がまつのえだにつきました。くもは、用心深《ぶか》く、糸を引っぱっているようです。糸はぴーんとなりました。

9 [お]、くもは、橋《はし》のようにはられた糸を、そろそろわたり始《はじ》めました。そうして、真《ま》ん中ほどまで来たと思うと、(ウ)そこから糸を引いて、すーっと下のほうへ下りていきます。

10 くもは、下に下りると、つつじのえだに糸をくくりつけて、すぐひき返《かえ》し、もみのえだまで行って、後ろ向《む》きになると、ぴんと糸をはりまし

た。[か]三角が一つできました。

(1) ——線㋐〜㋒の言葉《ことば》は、それぞれ何を指《さ》していますか。短く答えなさい。(12点／一つ4点)

㋐〔　　〕

㋑〔　　〕

㋒〔　　〕

(2) [あ]〜[か]に入る言葉を次からえらんで、記号《きごう》で書きなさい(それぞれ一回ずつ使《つか》うこと)。(24点／一つ4点)

ア ゆらゆら　**イ** とうとう　**ウ** すると

エ たちまち　**オ** ところが　**カ** まず

あ〔　　〕　い〔　　〕　う〔　　〕　え〔　　〕

お〔　　〕　か〔　　〕

(3) くものすのはり方を、なぜ調べたのですか。(12点)

〔　　〕

(4) くものすがはられていく様子《ようす》を、①〜④のように順《じゅん》じょよくまとめます。それぞれの様子をくわしく表《あらわ》している段落《だんらく》は何番ですか。あてはまる段落をすべて書きなさい。(40点／一つ10点)

① くもが糸を引いて、下へ下りる。とちゅうまで来て、動こうとしない。〔　　〕

② くものおしりから細い糸が出て、風に流されたあと、まつのえだについた。〔　　〕

③ くもが橋のようにはられた糸をわたり、真ん中まで来た。そして、糸を引いて、下りてくる。〔　　〕

④ くもがつつじのえだに糸をくくりつけて、もみのえだまで行って、三角が一つできる。〔　　〕

2 次の絵を見て、二通りの文を作りなさい。(12点／一つ6点)

(1) お母さんが、〔　　〕

(2) 赤ちゃんは、〔　　〕

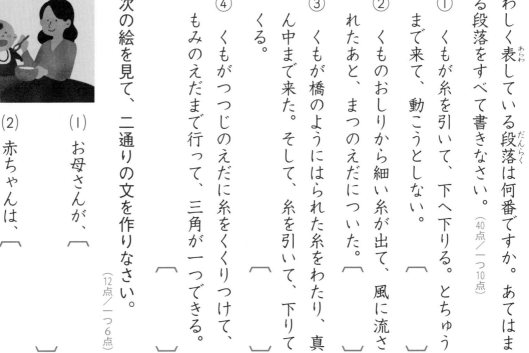

STEP 3

ステップ3

21〜23

月　日

答え⬇べっさつ23ページ

時間 30分　合かく 70点　とく点　点

1 言葉《ことば》がうまくつづくように、〔　〕に番号《ばんごう》を書きなさい。（20点／一つ10点）

(1)

〔　〕今日、買いに行った。

〔　〕新しい自転車《じてんしゃ》に乗《の》ってみると、

〔　〕三年前に買った

〔　〕うまく乗れなかった。

〔　〕自転車が小さくなったので、

〔　〕はじめは少しふらふらして、

(2)

〔　〕一さつかりて読んでみた。

〔　〕ほかの友だちにも

〔　〕とてもおもしろかったので、

〔　〕帰りの会でしょうかいした。

〔　〕学級文庫《がっきゅうぶんこ》に新しい本が入り、

〔　〕読んでもらおうと、

2 次《つぎ》の文章《ぶんしょう》を読んで、あとの問《と》いに答えなさい。

五月二十五日（日）

きのうのつばめらしいのが、家ののき下のところに、どろをつけて帰った。すを作るのに、そこが気にいったのだろう。お父さんが、そこに、たて・横《よこ》二十センチぐらいの板《いた》を打《う》ちつけた。夕方（　）つばめがとんできて、その板に止まった。みんな、つばめをおどろかさないように、気をつけた。部屋《へや》のしょうじを少し開《あ》けておいて、ときどきのぞいてみた。

(1) この文章は、次のどれにあたりますか。記号で書きなさい。（6点）　〔　〕

ア かんさつ日記

イ 学級日記

ウ 読書日記

(2) （　）に入る言葉を次からえらんで、記号で書きなさい。（8点）　〔　〕

ア やがて　**イ** それから　**ウ** そして
エ また

(3) ――線「そこ」は、何を指《さ》していますか。（8点）

〔　　　　〕

(4) つばめを大切にあつかっていることがわかる一文はどこですか。ぬき出しなさい。（8点）

〔　　　　〕

(5) この文章は、その日のどんなできごとを書いたものですか。三十字以内《いない》で書きなさい。（10点）

たいせつ

3 先生に、夏休みのくらしの様子《ようす》を知らせる手紙を書きます。（　）の言葉を使《つか》って、文のつづきを考えて書きなさい。（40点／一つ20点）

はじめ	なか		おわり	あとづけ
あいさつ	（おり紙の船）	（あさがお）	あいさつ	
先生、お元気ですか。ぼくは、今、今日の勉強《べんきょう》を終《お》わったところで、この手紙を書いています。	(1)	(2)	ここに、ぼくが作った船の絵と、あさがおの絵をかきました。見てください。では、先生、さようなら。	八月十日　小林ひろし　北山先生

そうふく習テスト①

月　日

答え⬇べっさつ23ページ

時間 20分

合かく 80点

とく点　　点

1

次《つぎ》の文章《ぶんしょう》を読んで、あとの問《と》いに答えなさい。

春子さんはシロをしかって、人形をとりあげました。それは、かわいい西洋《せいよう》人形でした。金色のまき毛が、ふさふさとして、目は空のように青く、ぱっちりとしています。

(1) シロをしかったのは、だれですか。次からえらんで、記号《きごう》で書きなさい。(2点)

ア 人形　イ 春子　ウ お父さん

［　　］

(2) ふさふさしているのは、何ですか。次からえらんで、記号で書きなさい。(2点)

ア 人形　イ シロ　ウ まき毛

［　　］

(3) 空のように青いのは、何ですか。次からえらんで、記号で書きなさい。(2点)

ア シロ　イ 目　ウ まき毛

［　　］

(4) ――線部分《ぶぶん》の理由《りゆう》を、春子さんがシロをしかる前のできごとを想《そう》ぞうして書きなさい。(6点)

［　　］

2

次の文で、――線の言葉《ことば》がかかる言葉に、〰〰線を引きなさい。(10点／一つ2点)

(1) 妹が、きちんとせんたく物《もの》をたたみました。

(2) お年玉にもらったお金は、全部貯金《ぜんぶちょきん》しました。

(3) 手をふって、「さようなら。」と言いました。

(4) 何と言われても、ぼくにはできません。

(5) さっそく、自転車《じてんしゃ》で出かけました。

3

次の言葉を、漢字《かんじ》と送《おく》りがなで書きなさい。(24点／一つ2点)

(1) ひらく［　　］　(2) むける［　　］

(3) なげる［　　］　(4) たいら［　　］

(5) かなしい［　　］　(6) たすける［　　］

(7) あつまる［　　］　(8) ながれる［　　］

(9) しあわせ［　　］　(10) おとす［　　］

(11) あらわす［　　］　(12) くるしい［　　］

4 次の漢字の読み方を書きなさい。（30点／一つ2点）

(1) 農村〔　　〕　(2) 放送〔　　〕　(3) 安定〔　　〕

(4) 童話〔　　〕　(5) 休息〔　　〕　(6) 注意〔　　〕

(7) 他人〔　　〕　(8) 着物〔　　〕　(9) 病院〔　　〕

(10) 駅前〔　　〕　(11) 反対〔　　〕　(12) 野球〔　　〕

(13) 屋根〔　　〕　(14) 商品〔　　〕　(15) 海岸〔　　〕

5 次の文中の□の数に合うひらがなを入れて、つながりのいい文にしなさい。（6点／一つ2点）

(1) 拾《ひろ》ったくりは、全部合わせ□□、三十こにもなりません。

(2) おじさんの家へ行きました□、だれもいませんでした。

(3) たかし君《くん》は、歩き□□□考えました。

6 次の〔　〕に入る言葉をあとからえらんで、記号で書きなさい。（10点／一つ2点）

(1) ぼくは、何度《なんど》もあやまった。〔　　〕、たかし君は、ゆるしてくれなかった。

(2) まさる君は、遊《あそ》んでばかりいた。〔　　〕、一《いち》学期《がっき》のせいせきは悪《わる》かった。

(3) 説明《せつめい》はこれで終《お》わりです。〔　　〕、何かしつ問《もん》はありますか。

(4) 絵の具《ぐ》で絵をかいている人がいます。〔　　〕、クレヨンでかいている人もいます。

(5) 絵をかこうか。〔　　〕、本を読もうか。

ア だから　**イ** ところで　**ウ** また　**エ** それなのに　**オ** それとも

7 次の言葉を使《つか》って、短《みじか》い文を作りなさい。（8点／一つ4点）

(1) しぶしぶ
〔　　　　〕

(2) せっせと
〔　　　　〕

そうふく習テスト②

月　日

時間 20分　合かく 75点

答え⬇べっさつ24ページ

とく点　　点

1 国語辞典《じてん》に出てくる順《じゅん》に、番号《ばんごう》を書きなさい。（16点／一つ4点）

(1)
〔　〕まちかど
〔　〕まぼろし
〔　〕まちぶせ

(2)
〔　〕けっせき
〔　〕げっしゃ
〔　〕けつえき

(3)
〔　〕くらす
〔　〕グラス
〔　〕クラス

(4)
〔　〕ベスト
〔　〕ベース
〔　〕ペース

2 次《つぎ》の漢字《かんじ》を組み合わせて、じゅく語を作りなさい（それぞれ一回ずつ使《つか》うこと）。（12点／一つ2点）

運　当　油　整　者　番
理　石　社　医　神　動

3 次の言葉《ことば》の中で、かなづかいにまちがいがあれば、══線で消《け》して、右がわに正しく書き直しなさい。（6点／一つ1点）

(1) かんづめ　(2) 一つづつ　(3) おうきい
(4) しずかに　(5) こおり　(6) ねいさん

4 次のへちまのかんさつメモをもとに、――線部《ぶ》分《ぶん》を、れいのようにくわしく書き直しなさい。（16点／一つ4点）

六月八日（月）　晴れ
・くきの長さ…十五センチ
・本葉《ほんば》…五まいでたがいちがい。表《おもて》はざらざらで、細かい毛。まわりはぎざぎざ。

れい　くきの長さは、だいぶん長くなった。
〔十五センチになった〕

(1) 本葉の数がふえた。
〔　〕

(2) 本葉は、ばらばらに生えている。
〔　〕

(3) 葉の表は、ざらざらである。〔　〕

(4) 葉のまわりは、まるくない。〔　〕

5 次の文章《ぶんしょう》を読んで、あとの問《と》いに答えなさい。

葉を落《お》としてしまったクヌギは、かれ木のようです。でも、枝《えだ》さきについている小さな茶色の芽《め》を切ってみると、なかは緑色《みどりいろ》で、生きいきしています。①これは春になって、花や葉になる冬芽《ふゆめ》です。それともうひとつ、冬芽とはすこし形のちがう、まるい芽がついている枝もあります。②これは、昨年《さくねん》の春に花がさいて実《み》をむすんだ、ドングリの子です。

（埴《はに》沙萠《しゃぼう》「ドングリ」〈あかね書房刊〉）

(1) ――線①・②の「これ」は、それぞれ何を指《さ》していますか。（10点／一つ5点）

①〔　〕

②〔　〕

(2) この文章を二つの段落《だんらく》に分けると、後半はどこから始《はじ》まりますか。はじめの五字を書きなさい。（10点）

6 文がうまくつづくように、〔　〕に番号を書きなさい。（10点）

〔　〕そこへ、さっき切ったキャベツを入れて、よくねり合わせます。

〔　〕今日は、おこのみやきの作り方をお話しします。

〔　〕次に、小麦粉《こむぎこ》にたまごと水を入れて、よくまぜます。

〔　〕最後《さいご》に、それを、あつくしたプレートでやき上げます。

〔　〕まず、キャベツを細かく切ります。

7 次の言葉を、ローマ字で書きなさい。（20点／一つ4点）

(1) ベースボール

(2) 救急車《きゅうきゅうしゃ》

(3) 店《てん》員《いん》

(4) けっこん式《しき》

(5) アルゼンチン

そうふく習テスト③

月　日
時間 40分
合かく 75点
答え⬇べっさつ24ページ
とく点　　点

1 次《つぎ》の文章《ぶんしょう》を読んで、あとの問《と》いに答えなさい。

大むかしは、人間はみんな、ちょうどサルと同じように、手でつかんで食べていた。それが、あついものを食べたり、しるのあるものを食べたりするために、①いろいろな道具《どうぐ》をくふうするようになった。そして、その中からおはしや、フォークとナイフのようなものが生まれ、今の食べかたになってきた。場所《ばしょ》や食べものによっては、手で食べつづけてきたけれど、それにしても、おいしくきれいに食べられるように、人間はくふうをしてきた。

②そのどれもが、人間の「文化《ぶんか》」だ。これまで生きてきた人間の〔　　〕なのだ。いろいろな国の人たちの、そんな〔　　〕を使《つか》って、今、ぼくたちはいろいろなものを食べている。

（森枝《もりえだ》 卓士《たかし》「手で食べる？」）

(1) 大むかしは、どんな食べかたをしていましたか。（6点）

〔　　　　〕

(2) ――線①「いろいろな道具」とありますが、それらはどんな道具ですか。文中にあるものを三つ書きなさい。（9点／一つ3点）

〔　　〕〔　　〕〔　　〕

(3) 「しるのあるものを食べたりする」とき、今はどんな道具を使っていますか。自分で考えて一つ書きなさい。（6点）

〔　　　　〕

(4) ――線②「そのどれも」が指《さ》していることがらとして正しいものを、次から二つえらんで、記《き》号《ごう》で書きなさい。（8点／一つ4点）

〔　　〕〔　　〕

ア サルと同じように、手でつかんで食べていた。

イ おはしやフォークのような、いろいろな道具をくふうしてきた。

ウ 手で食べるときも、おいしくきれいに食べられるように、くふうをしてきた。

(5) 文中の〔　〕には、同じ言葉《ことば》が入ります。次からえらんで、記号で書きなさい。(6点)〔　　〕

ア 道具　イ 食べかた　ウ 場所
エ ちえ　オ きまり

2 次の問いに答えなさい。

(1) 次の文の主語《しゅご》と述語《じゅつご》は何ですか。主語は（　）に、述語は〔　〕に記号で書きなさい。(12点／一つ2点)

① ア大きな イ石が、 ウ山の上から エゴロゴロと オ転《ころ》がりながら カ落《お》ちてきた。（　）〔　〕

② ア世界一《せかいいち》 イ速《はや》く走る、 ウ動物《どうぶつ》は エアフリカの オ草原を走る カチーターです。（　）〔　〕

③ アぼくの イ黄色の ウ消《け》しゴムが、 エきのうから オどこにも カ見当たらない。（　）〔　〕

(2) ①の文の主語をくわしくしている言葉《ことば》をえらんで、記号で書きなさい。(2点)〔　　〕

(3) ③の文の述語をくわしくしている言葉をすべてえらんで、記号で書きなさい。(4点)〔　　〕

3 次の言葉を、れいにならって二つの言葉に分けたり、一つの言葉にしたりしなさい。(10点／一つ2点)

れい 走り出す〔走る・出す〕

(1) 取《と》り分ける〔　　・　　〕

(2) 聞き返《かえ》す〔　　・　　〕

(3) 話しかける〔　　・　　〕

(4) 〔　　〕〔運《はこ》ぶ・出す〕

(5) 〔　　〕〔投《な》げる・つける〕

4 次の文中には、漢字《かんじ》のまちがいが全部《ぜんぶ》で四つあります。＝＝線で消《け》して、右がわに書き直しなさい。(8点／一つ2点)

・家旅で想談するようにと、先生に言われた。

・電注に、まいごのねこの写新がはってある。

5 次の文章を読んで、あとの問いに答えなさい。

子ぎつねは、その光がまばゆかったので、面《めん》くらって、まちがったほうの手を、――お母さんが、出しちゃいけないと言ってよく聞かせたほうの手を、すき間からさしこんでしまいました。

このおててにちょうどいい手ぶくろ、ください。

すると、①ぼうし屋《や》さんは、おやおやと思いました。きつねの手です。きつねの手が、手ぶくろをくれと言うのです。これはきっと、木の葉《は》で買いに来たんだなと思いました。そこで、

先にお金をください。

と言いました。子ぎつねは、すなおに、にぎってきた白どうかを二つ、ぼうし屋さんにわたしました。ぼうし屋さんは、それを人さしゆびの先にのっけて、かち合わせてみると、チンチンとよい音がしましたので、これは木の葉じゃない、②ほんとのお金だと思いましたので、たなから子ども用の毛糸の手ぶくろを取り出してきて、子ぎつねの手に持《も》たせてやりました。子ぎつねは、お礼《れい》を言って、また、もと来た道を帰り始《はじ》めました。

「③お母さんは、人間はおそろしいものだっておっしゃったが、ちっともおそろしくないや。だって、ぼくの手を見ても、どうもしなかったもの。」

と思いました。

（新美《にいみ》 南吉《なんきち》「手ぶくろを買いに」）

(1) 文中で、子ぎつねが話した言葉と、ぼうし屋さんが話した言葉とに「　」を書きなさい。（8点／一つ4点）

(2) ――線①とありますが、なぜ、ぼうし屋さんは、おやおやと思ったのですか。（7点）

〔　　　　〕

(3) ――線②とありますが、なぜ、ぼうし屋さんは、「ほんと」のお金だと思ったのですか。（7点）

〔　　　　〕

(4) ――線③とありますが、なぜ、お母さんはこう言ったのだと思いますか。あなたの考えを書きなさい。（7点）

〔　　　　〕

答え

小3 標準問題集 国語

ひっぱると、はずして使えます。

2年のふく習① 2~3ページ

1 (1)つよ・かぜ (2)なが・でんしゃ
(3)こめ・むぎ (4)きせん・はし
(5)あいだ・ま

2 (1)こう・く (2)そと・がい
(3)はなし・わ (4)こん・いま

3 (1)遠 (2)少 (3)新 (4)細 (5)夏
(6)内(中) (7)親 (8)後 (9)弱
(10)弟(姉)

4 (1)東・西・南・北
(2)(れい)足・頭・首・顔(目・口・手)

5 (1)イ (2)イ (3)イ (4)ア (5)イ

6 (1)歌 (2)売 (3)雲 (4)帰

7 (1)今日・朝 (2)鳥・鳴 (3)教室・当番
(4)算数・生活 (5)土曜・夜
(6)父・公園

8 (1)11 (2)12 (3)10 (4)12 (5)6

考え方

8 (1)の「糹」の部分《ぶぶん》は6画、(2)の「⻌」の部分は3画で書きます。

2年のふく習② 4~5ページ

1 (1)きのう・ねえさん・とおく・へ
(2)こづつみ・かんづめ・ずつ
(3)おおかみ・じゅう・つづいて・いう

2 (1)下る (2)歩く (3)引く

3 (1)アメリカ・○・ひこうき・ゴーゴー(ゴオゴオ)
(2)新しい・セーター・ちぢんだ
(3)ほうちょう・○・細かく
(4)そうじ・ていねい (5)○・明るく

4 (1)イ (2)ウ (3)エ (4)ア

5 (1)イ (2)ウ (3)エ (4)ア

6 (1)ヘリコプター (2)チャイム
(3)ホットケーキ (4)インターネット
(5)チョコレート (6)ソフトクリーム

7 (1)食べた (2)いません(おりません)
(3)ふりました (4)楽しいでしょう
(5)たのまれました

考え方

5 (　)の前と後の文の内ようがどのようにつながっているのかを考えます。

7 (1)(2)自分の家族《かぞく》のことを人に言うときは、うやまった言い方をしないので注意《ちゅうい》します。

2年のふく習③ 6~7ページ

1 (1)かけてきたらしくて、息を、はあはあさせていました。
(2)「ゆら。まだいたのね。間に合ってよかった!」
(3)「お母さん
(4)イ

2 (1)・イヌは、か ・ネコがのど
(2)①(イヌが)しっぽをふってむかえること。(しっぽをふること。) ②(ネコが)のどをごろごろと鳴らすこと。
(3)このように
(4)動物・サイン

考え方

1 (1)「息《いき》を、はあはあさせて」というところに目をつけます。(4)「そんなことないわ」は、すぐ前の「みんな…あたしの…こと…じゃまなの」という、ゆらの言葉《ことば》を打ち消《け》していることに注意《ちゅうい》します。

2 (2)「これ」「それ」などの「こそあど言葉(指示語《しじご》)」は、前の文や言葉を指《さ》すことが多いことに注意します。(3)文章《ぶんしょう》の組み立てを考えて、最後《さいご》の段落《だんらく》のはじめに「このように」とあることに注目します。これまでのべたことをまとめるときによく使《つか》われる言葉です。

ここに注意 「段落」とは、文章の中の、内容のひとまとまりのことをいいます。段落のはじめは一字下げて表《あらわ》します。この段落と段落のつながりを考えて、文章を読むことが大切です。

1 漢字の読み方

ステップ1　8～9ページ

1 (1)あんぜん (2)じめん (3)きゅうこん (4)あんき (5)ものがたり (6)どうろ (7)そくど (8)ゆうぐ (9)はっけん (10)きゅうりゅう (11)えきまえ (12)はなみず (13)しょゆう (14)かいがん (15)せかい (16)しめい (17)しょうぶ (18)ほうそう (19)しゅじん (20)けんきゅう (21)がっき (22)せきゆ (23)ちょうたん (24)かてい (25)かいてん (26)にもつ (27)こくばん (28)かんそう (29)おおざら (30)しゅうごう

2 (1)ま (2)お (3)はな (4)くる (5)む (6)いそ (7)まつ (8)うご (9)ととの (10)ね (11)もう (12)し (13)き (14)ふか (15)そそ (16)まも (17)たす (18)みの

3 (1)へい・ひら・びょう (2)かみ・じん・しん (3)みやこ・つ・と

4 (1)ア (2)イ (3)ア (4)イ (5)イ (6)ア

5 (れい) (1)見・見学 (2)行・行動 (3)題・題名 (4)実・実力

考え方

1 じゅく語の読みになれるとともに、かなづかいのあやまりがないようにします。とくに(2)「じめん」、(6)「どうろ」、(29)「おおざら」などのかなづかいに注意します。

2 漢字がもつ意味のわかる読み方を「訓読《くんよ》み」といいます。意味も考えながらおぼえるようにしましょう。

3 じゅく語によってことなる読み方をする漢字です。使われ方によって読み方がかわることに気づきましょう。

4 一字一字の漢字の読みではなく、じゅく語としての読みを考えるようにします。

5 漢字を使ったゲームなども、漢字に親しむよい方法《ほうほう》です。

ステップ2　10～11ページ

1 (1)だいり (2)いいん (3)ゆげ (4)しょくぶつ (5)みかた (6)くしん (7)どうぐ (8)しよう (9)しごと (10)きてき

2 (1)ひろ (2)あたた (3)さ (4)くば (5)しあわ (6)の (7)かさ (8)うつ (9)さ (10)ひと

3 (1)イ (2)イ (3)イ (4)イ (5)ア

4 (1)す・そそ (2)おく・はや (3)ま・も (4)かる・ころ (5)ひら(あ)・と (6)お・はこ

5 (1)さだ・けってい (2)お・しゅうてん (3)お・らくせき (4)つ・ちゃくち (5)はじ・かいし (6)な・とうきゅう (7)け・しょうか (8)なら・れんしゅう

6 (1)ぶんかさい・そうだん (2)せきじゅうじ・しろじ・はんたい (3)たいいく・そ (4)すいえい・ちょうし・およ (5)てっきょう

考え方

1 じゅく語の読みの場合、上を音《おん》で読めば下も音で読むものが多いですが、(5)や(9)のように「音＋訓《くん》」の組み合わせになる場合は注意します。

2 送りがなを手がかりにして読み方を考えます。(7)は「重い」なら「おも-い」の読みになります。

5 訓読みと音読みの組み合わせです。訓読みは、左がわのじゅく語の意味（の一部）を表しています。

ここに注意 漢字の読み方には「音読み」と「訓読み」があります。

音読み…中国語の読み方をまねた読み方で、発音を聞いただけでは意味がわからない読み方。
（道…ドウ）

訓読み…意味を日本の言葉に当てはめて読む読み方で、発音を聞くと意味がわかる読み方。
（道…みち）

2 漢字の書き方

ステップ1　12～13ページ

1 (1)研究 (2)洋服 (3)医者 (4)水族館 (5)去年 (6)役所 (7)体重 (8)金庫 (9)昔話 (10)電柱 (11)返品 (12)自転車

2 (1)㋐登る ㋑上る (2)㋐開ける ㋑空ける ㋒明ける (3)㋐速い ㋑早い

3 (1)イ (2)ア (3)イ

4 (1)9・ウ (2)12・イ (3)9・ウ

5 (1)10 (2)11 (3)9 (4)8

6 (1)ア (2)ア (3)イ (4)ア

考え方

2 同じ発音の言葉でも、意味がちがえば、使われる漢字がちがってくることに気づきます。

3 (1)「区」は、かこむ形の部分を後に書く、例外的《れいがいてき》な漢字です。

4 (1)「級」の右がわの部分は3画で書きます。

ステップ2　14～15ページ

1 (1)ア (2)ア (3)ア (4)イ (5)イ (6)ア (7)ア (8)ア

2 (順不同《じゅんふどう》) (1)歯・葉 (2)鼻・花 (3)死・詩 (4)日・火

3 (1)身 (2)配 (3)深 (4)曲

4 (1)習う (2)受ける (3)短い (4)悲しい

5 (1)水泳 (2)昭和 (3)中央 (4)問題 (5)箱 (6)商店 (7)乗車 (8)拾 (9)温度 (10)横顔 (11)緑色 (12)意見 (13)追 (14)豆 (15)大波 (16)放 (17)旅行 (18)平

6 ㋐病気 ㋑酒 ㋒皿 ㋓血 ㋔家族 ㋕写真 ㋖整理 ㋗二列 ㋘行進 ㋙世界 ㋚湖 ㋛調

考え方

1 (4)の「走」は先に書きますが、(7)の「辶」は後に書きます。

2 同じ読みをする漢字を思いうかべ、文に合う漢字をえらびます。

3 音読みと訓読みの組み合わせです。先に考えやすいほうから当てはめ、もう一方の□に入れてたしかめましょう。

4 (3)「短い」は送りがなも「みじかい」とおぼえると、よいでしょう。

1～2 ステップ3　16～17ページ

1 (1)㋐あ ㋑ひら (2)㋐つ ㋑き (3)㋐しま ㋑とう (4)㋐き ㋑け (5)㋐しゅ ㋑ぬし (6)㋐にが ㋑くる (7)㋐お ㋑ま (8)㋐ちゅう ㋑はしら

2 (1)しゃりょう (2)くうこう (3)ひっしゃ (4)のうぎょう (5)やおや (6)てちょう (7)ようもう (8)せけん (9)ちょうれい (10)びょうそく

3 (1)12 (2)5 (3)3 (4)5 (5)5 (6)11

4 (1)整理 (2)新聞記事 (3)問題集 (4)九州旅行 (5)温度計 (6)暑・寒 (7)学習係 (8)急行列車 (9)歩道橋 (10)運送会社 (11)体育館 (12)東京都 (13)通学路 (14)高校野球 (15)銀行 (16)委員会

5 (1)投げる (2)美しい (3)起きる (4)幸せ

6 (1)じょうとう (2)けさ (3)おうてん (4)やっきょく

7 (1)回→階・持→待 (2)仕→始・住→注 (3)倍→部・洋→陽 (4)守→取 (5)相→想

考え方

1 訓読みが二つ以上《いじょう》あるものは、送りがなに注意して考えます。

2 (5)「八百屋」はとくべつな読み方です。じゅく語としての読み方をおぼえましょう。

3 筆順にはきまりがあり、(1)の「筆」では、つきぬけるたて画は最後《さいご》に書きます。

5 (2)「○○しい」の言葉の場合、ふつう送りがなは「しい」となります。

3 漢字の組み立て

ステップ1 18〜19ページ

1 (1)宀・イ　(2)雨・キ　(3)禾・カ　(4)攵・オ　(5)木・ウ

2 (1)イ　(2)イ　(3)イ　(4)ア　(5)ア　(6)イ

3 (1)ウ・㋒　(2)カ・㋔　(3)エ・㋖　(4)キ・㋐　(5)ア・㋑　(6)オ・㋢

4 (1)×　(2)×　(3)◯　(4)×　(5)×

考え方

1 共通《きょうつう》している部分は、ふつうそれぞれの漢字の同じ場所にあり、漢字の左がわならば「へん」、右がわならば「つくり」、上の部分ならば「かんむり」となります。

2 部首のしゅるいは七つに分かれ、それぞれに名前があります。(1)人→亻(にんべん)、(5)手→扌(てへん)のように、成《な》り立ちからおぼえるようにします。

3 (4)「ネ」はしめすへん、「衤」はころもへんで、形がにているので注意します。

4 (1)「空」の部首は「穴」(あなかんむり)です。(2)「聞」の部首は「耳」(みみ)です。(4)「糸」は6画で書きます。(5)右がわの部分を「つくり」、左がわの部分を「へん」といいます。

ここに注意 部首は、その場所によって次の七しゅるいに分けられます。

(1)へん …漢字の左がわ
(れい)木(きへん)・亻(にんべん)
(2)つくり …漢字の右がわ
(れい)頁(おおがい)・攵(のぶん・ぼくにょう)
(3)かんむり …漢字の上の部分
(れい)艹(くさかんむり)・⺮(たけかんむり)
(4)あし …漢字の下の部分
(れい)灬(れんが・れっか)・儿(ひとあし)
(5)たれ …漢字の上と左の部分
(れい)广(まだれ)・疒(やまいだれ)
(6)にょう …漢字の左と下の部分
(れい)辶(しんにょう・しんにゅう)
走(そうにょう)
(7)かまえ など…漢字をかこむ形
(れい)囗(くにがまえ)・門(もんがまえ)

ステップ2 20〜21ページ

1 (漢字はれい)
(1)てへん・打・投・指
(2)くにがまえ・国・図・回
(3)しんにょう・遠・近・道
(4)うかんむり・家・安・守

2 (1)忄・方　(2)刂・攵・斤　(3)⺮・亠　(4)灬　(5)辶　(6)广・疒　(7)門・冂・口

3 (1)◯　(2)×　(3)×　(4)×

4 (2)×　(3)△　(6)◯

5 (れい)(1)泳・海・湖・港・池　(2)話・語・読・記　(3)花・草・茶・葉

6 (1)頁・おおがい　(2)穴・あなかんむり　(3)阝・おおざと　(4)口・くち　(5)艹・くさかんむり

7 (1)オ　(2)コ　(3)エ　(4)サ　(5)ウ　(6)ク　(7)カ　(8)ア　(9)キ　(10)イ

考え方

1 部首ごとに漢字を集めて整理しておくと、漢字をおぼえるときに大切な手がかりになります。(3)は「しんにゅう」ともいいます。

2 それぞれの部首をもつ漢字を思い出し、その部首の場所で考えます。

3 (2)部首は「扌」の「てへん」です。(3)ほかに「走」(そうにょう)や「廴」(えんにょう)があります。(4)「忄」は心の意味です。

4 「しめすへん」は「ネ」、「のぶん」は「攵」、「がんだれ」は「厂」です。

6 (2)「空」の部首は、「うかんむり」ではありません。(3)「阝」が左がわにあるものは

「こざとへん」といい、「院」や「陽」の部首です。(4)「もんがまえ」ではありません。

7 それぞれ漢字で書くと次のとおり。
(1)送る (2)予想 (3)開く (4)後ろ (5)拾う
(6)電柱 (7)新聞 (8)秒速 (9)雪国 (10)薬品

4 漢字の音と訓

ステップ1 22〜23ページ

1 (1)①(漢字といっしょに)中国からつたわった読み
②(なんとなく、)かたく強い感じ
③日本に昔からあった言葉をあてた読み
④やわらかく、やさしい感じ
(2)①㋐△ ㋑○ ②㋐○ ㋑△
③㋐△ ㋑○ ④㋐○ ㋑△

2 (1)あそぶ (2)キョウ (3)みじかい
(4)ハイ (5)およぐ (6)イク (7)いそぐ
(8)キ (9)ね (10)ソウ (11)かわ (12)ミ
(13)ひとしい (14)テキ

3 ㋐訓 ㋑訓 ㋒訓 ㋓音 ㋔音 ㋕音
㋖音 ㋗訓

4 (1)ジョウ・うえ・うわ・かみ・あ(がる)・のぼ(る)
(2)カ・ゲ・した・しも・さ(がる)・くだ(る)・お(りる)

考え方

1 多くの場合、漢字の発音を聞いたとき、意味のわからない読み方が音読みで、意味のわかる読み方が訓読みです。しっかり区別するようにします。

2 音読みの場合は、その漢字を使ったじゅく語を思い出して考えます。送りがなのつけ方にはきまりがあり、ふつう終わりの部分がかわるところから送ります。たとえば、(1)では「あそばない・あそびます・あそぶ・あそぶとき・あそべば・あそべ」となり、送りがなは「ぶ」となります。

3 ㋑㋒は「うたごえ」、㋔㋕は「へんぴん」、㋖㋗は「ほんばこ」と読みます。㋓や㋖は発音だけで意味がわかりますが、音読みです。しっかりとおぼえましょう。

ここに注意 漢字の読み方には音と訓がありますが、音だけ、訓だけしかないものもあります。

①音と訓があるもの
(れい) 安{アン／やす(い)}　旅{リョ／たび}

②音だけのもの
(れい) 感…カン　洋…ヨウ　第…ダイ

③訓だけのもの
(れい) 畑{はた／はたけ}　皿…さら　箱…はこ

ステップ2 24〜25ページ

1 (1)シュク・やど (2)ケッ・き
(3)コウ・む (4)ジュウ・かさ
(5)ゼン・まった (6)シュ・ぬし
(7)ジョ・たす (8)ガン・きし
(9)シ・ゆび (10)ブ・ま

2 (1)おし・おそ (2)い(ゆ)・おこな
(3)ほそ・こま (4)さいわ・しあわ
(5)け・き (6)き・つ (7)ただ・なお
(8)くる・にが (9)い・は

3 (1)イ・ア (2)ア・イ

4 アとサ・イとケ・ウとコ・エとシ・オとキ・カとク

5 (1)ア (2)ウ (3)ア (4)ウ (5)イ (6)ウ
(7)ア (8)イ (9)イ

6 (1)しんちゃ・ア (2)かかりいん・エ
(3)にがて・ウ (4)てつどう・ア
(5)みかた・イ

考え方

1 右がわが音読み、左がわが訓読みです。(4)や(10)の訓読みのように、二通りの読みがあるものは、送りがなに注意して答えます。

2 訓読みで二通り以上《いじょう》の読み方のある漢字では、送りがなのちがいで、読み方や意味がちがってきます。(3)では、「細い」は「ほそい」と読みますが、「細かい」は「こまかい」と読みます。(9)「生」には「う(まれる)」という読み方もあります。送りがなに気をつけて、正しい読み方をおぼえましょう。

5 じゅく語の読みとして正しいものをえらびます。(4)と(9)はとくにまちがえやすいので、しっかりとおぼえましょう。

6 じゅく語の読み方は、ふつう上の字を音で読めば下の字も音で読む場合が多く、大部分のじゅく語は音読みです。ただし、(3)のようにどちらも訓読みをするじゅく語もあります。また、(1)の「茶《ちゃ》」や(4)の「鉄《てつ》」は、訓読みとまちがえやすい読みです。「絵《え》」や「肉《にく》」など、まぎらわしい音読みをまとめておぼえておきましょう。

3~4 ステップ3 26~27ページ

1 (漢字はれい)
(1)きへん・校・村・柱
(2)さんずい・海・池・泳・湖
(3)あめかんむり・雲・電・雪
(4)てへん・投・打・持・指
(5)にんべん・作・仕・体・使
(6)しんにょう・道・通・送
(7)のぎへん・秋・科・秒
(8)もんがまえ・開・間
(9)ぎょうにんべん・行・後
(10)のぶん・教・数

2 (1)へん　(2)つくり　(3)かまえ　(4)かんむり　(5)たれ

3 (1)中国　(2)音(読み)　(3)訓《くん》(読み)

4 (1)㋐よこ　㋑おう　(2)㋐お　㋑らっ　(3)㋐はな　㋑ほう　(4)㋐ね　㋑れん　(5)㋐との　㋑せい　(6)㋐さむ　㋑かん　(7)㋐そそ　㋑ちゅう　(8)㋐みの　㋑じつ

5 (1)けさ　(2)おくがい　(3)いけん　(4)ろめん　(5)みぶん　(6)がんらい　(7)にんぎょう　(8)さしず　(9)とうざい　(10)あいて　(11)てっきょう　(12)つごう

考え方

1 (6)は「しんにゅう」、(10)は「ぼくにょう」ともいいます。(8)に、「聞」(部首は耳)や「問」(部首は口)の漢字は書かないように注意します。

4 それぞれ㋐は訓読み、㋑は音読みです。訓読みは送りがなを手がかりに考えます。

5 一字一字の読みでは合っていますが、じゅく語としての読みがまちがっています。てきせつに音・訓を当てはめ、じゅく語たんいでおぼえるようにします。(1)「今朝(けさ)」はじゅく字訓という、とくべつな読み方です。ほかに「明日(あす)」「今日(きょう)」「今年(ことし)」などがあります。

5 送りがなとかなづかい

ステップ1 28~29ページ

1 (1)イ　(2)イ　(3)ア　(4)イ　(5)ア　(6)ア　(7)ア　(8)イ　(9)ア　(10)ア　(11)ア　(12)イ　(13)イ　(14)イ　(15)ア

2 (1)細い　(2)流れる　(3)助ける　(4)生まれる　(5)投げる　(6)運ぶ　(7)拾う　(8)当たる　(9)調べる　(10)等しい

3 (1)ア　(2)イ　(3)イ　(4)イ

4 きのう・ねえさん・おとうと・たいいく・ドッジボール・むずかし

5 (右から)(1)ら・ろ・り・っ・れ
(2)え・え・え・えろ(えよ)

6 わたしわ→は・近ずいて→づ・をしべ→お・六本ぢつ→ず・めしべお→を

7 (1)ア　(2)イ　(3)イ　(4)イ　(5)イ　(6)ア　(7)イ　(8)イ　(9)ア　(10)ア

考え方

1 送りがなは、漢字の読み方をはっきりさせるはたらきがあること、後にくる言葉によってかわることをおぼえます。(10)「開ける」(あける)は「開く」(あく・ひらく)と、(14)「明かり」(あかり)は「明るい」(あかるい)とまちがえないように注意します。(5)・(8)のように「○○しい」という言葉は、送りがなは「しい」となります。

2 (1)「細い」(ほそい)と「細かい」(こまかい)をまちがえないようにします。

5 動きを表す言葉は、後につづく言葉によって言葉の形がかわること(活用)に気づきます。

6 「わたしは」「めしべを」など、言葉の後につくものは、「は・を・へ」となります。

7 かなづかいのまちがえやすいれいです。(3)は「う」、ぎゃくに(4)・(6)は「お」が正しい表記です。(7)・(8)はとくに作文などでもあやまりが多く、注意がひつようです。(9)は「三日月」だから「づき」、(10)は「かんにつめる」だから「づめ」と考えます。

ここに注意 「ジ」「ズ」と発音するものは、「じ」「ず」と書きますが、次のようなときは「ぢ」「づ」と書きます。
①二つの言葉が合わさってできている言葉。
(れい)はなぢ(鼻血)・ちかぢか(近々)・そこぢから(底力)
②同じ発音がつづいている言葉。
(れい)ちぢむ・つづく・つづる

ステップ2 30〜31ページ

1 (1)終わり (2)集め (3)温かい (4)転がし (5)登り (6)楽しい (7)反らし (8)向かって

2 (1)動く (2)○ (3)幸せ (4)○ (5)放す (6)○ (7)開く (8)悪い

3 (1)消える (2)表す (3)遊ぶ (4)細かい (5)進む (6)苦しい (7)平ら (8)悲しい (9)化ける (10)全く

4 (1)㋐育てて ㋑実って (2)㋐重かった ㋑助けて (3)㋐係長 ㋑急いで (4)㋐習った ㋑写す (5)㋐薬 ㋑苦い (6)㋐決まった ㋑守って

5 (1)てえねい→い・ぼおし→う・おじぎお→を (2)今日わ→は・表どおり→お・しずかに→ず (3)とおり→お・とおかった→お (4)よおす→う・ほおき→う・みおかい→じ・後かたずけ→づ

考え方

1 (1)は「終り」としないように注意します。

2 送りがなのつく言葉は、終わりの部分がかわるところから送るのがふつうです。たとえば、(1)・(5)は次のようにかわります。
(1)動かない・動きます・動く・動けば…
(5)放さない・放します・放す・放せば…

3 (4)は「細い」(ほそい)と、(6)は「苦い」(にがい)とまちがえないようにします。

4 (3)㋐動きを表す言葉のときは「係《かか》る」ですが、「係長《かかりちょう》」「図書係《としょがかり》」などは、送りがなはつけません。「受付《うけつけ》」などもそうです。

6 じゅく語

ステップ1 32〜33ページ

1 (1)ふるえる・上がる (2)つく・出す (3)はねる・上がる (4)とぶ・かかる (5)見直す (6)さし出す (7)思いうかべる

2 (順不同《じゅんふどう》)(1)原理・都会・重大・世界・勉強・写真・相談・雨天 (2)古風(古文)・返品・住所・意見・理由・漢字・練習・様子・車両・委員・文化(風化)・動力

3 (1)級(期) (2)聞 (3)画 (4)育 (5)温 (6)究 (7)遊 (8)始 (9)東 (10)身 (11)庫(集) (12)秋

4 (1)右 (2)下 (3)男 (4)小 (5)内 (6)親 (7)昼 (8)父 (9)遠

5 (1)医 (2)館 (3)調 (4)想 (5)太

考え方

1 (1)〜(4)まず、言葉の分かれるところを考え、次に言い切りの形に直します。(1)ふるえ／上がる→ふるえる／上がる (5)〜(7)一つの言葉にすると、上の言葉の形がかわります。

3 三字のじゅく語は、二字のじゅく語と一字で作られたものが多くあります。(6)「研究十会」のように、まず、二字のじゅく語から考えます。(9)「東西南北《とうざいなんぼく》」、(12)「春夏秋冬《しゅんかしゅうとう》」は、一字一字が対等《たいとう》にならんでいる四字のじゅく語です。

4 (7)「朝」ではなく、「昼」で、「昼夜」（ちゅうや）となります。

5 同じ音の漢字の中からてきせつな漢字をえらんで、じゅく語を作る問題です。それぞれの意味を考えてえらびましょう。

ステップ2

34〜35ページ

1 (順不同《じゅんふどう》)客船・安全・日記・自他・投手・球根・黒板・心配・決定・住所

2 (1)短・ちょうたん　(2)暗・めいあん　(3)勝・しょうぶ

3 (れい)(1)明・出　(2)校・回　(3)人・主　(4)分・全　(5)合・文　(6)行・真

4 (1)オ　(2)ウ　(3)エ　(4)ア

5 (れい)(1)相談・相手　(2)屋上・屋根　(3)動物・物語　(4)作家・家来　(5)元気・元日

6 (れい)(1)学問・時間　(2)家族・旅行　(3)所持・期待　(4)注文・電柱

7 (れい)(1)助手　(2)作曲　(3)上流　(4)平和　(5)運転　(6)面会

考え方

2 まず訓読みをし、それと反対の漢字を組み合わせてじゅく語を作ります。(1)長い↔短い、(2)明るい↔暗い、(3)勝つ↔負ける となります。

3 その漢字の意味を考えながら、むすびつく漢字を考えます。(5)では「学集」などとしないように注意します。

4 (2)「町の長」、(4)「長い命」など、じゅく語の組み立てを考えてみます。イの意味のじゅく語としては、「年長」があります。

5 (1)相談（そうだん）・相手（あいて）のように、一つの漢字で何通りもの読みのあるものがあります。(1)・(2)・(3)は音と訓、(4)・(5)はどちらも音の読み方のれいです。

6 形がにていても意味は全くちがいます。とくに(4)は読みも同じなので、それぞれの漢字の意味を考えてじゅく語を作ります。

7 じゅく語を作るときは、その漢字の読みで考えるのではなく、意味で考えます。

ステップ3　5〜6

36〜37ページ

1 (1)イ　(2)イ　(3)イ　(4)ア　(5)ア　(6)ア　(7)ア　(8)イ　(9)イ　(10)ア

2 (1)表す　(2)拾う　(3)〇　(4)〇　(5)苦い　(6)注ぐ

3 (1)転ぶ　(2)短い　(3)暗い　(4)育てる　(5)急ぐ　(6)悲しい　(7)平ら　(8)幸い

4 (じゅく語はれい)(1)しな・品物《しなもの》、ひん・作品《さくひん》　(2)み・中身《なかみ》、しん・身長《しんちょう》　(3)こと・仕事《しごと》、じ・食事《しょくじ》　(4)さま・神様《かみさま》、よう・様子《ようす》

5 (1)ア行・エ発　(2)研ウ・オ表　(3)エ習・勝イ　(4)ウ強・運イ　(5)部ウ・イ理

6 (1)こす　(2)れる　(3)す　(4)い　(5)しい　(6)しい

7 (1)心・安　(2)曲・線　(3)短・所　(4)風・洋

8 (れい)(1)実行　(2)放送　(3)作者　(4)注意

考え方

1 (2)・(6)のように、同じ音がつづいて「ち」「つ」がだく音になった場合は、「ぢ」「づ」と書きます。

3 (2)を「短かい」、(7)を「平いら」と書かないようにします。

4 どれも音と訓《くん》の二通りです。(2)で「安身《あんしん》」などとしないよう、それぞれの漢字の意味に合うじゅく語を考えましょう。

6 (5)は文のつながりから「にがい」ではなく、「くるしい」となるので、送りがなは「苦しい」です。

7 少しむずかしい問題ですが、どれも二字のうち一字が共通《きょうつう》のものを取り上げています。(2)・(3)・(4)は、下の漢字が共通のものです。直、長、和の反対の漢字を考えてみましょう。

8 漢字のもつ意味を考えてじゅく語を作ります。(4)では、同じ読みでにた漢字の「柱」とまちがえないようにします。

7 国語辞典の使い方

ステップ1　38〜39ページ

1 (1)シ・ウ　(2)ソ(カ)・カ(ソ)・サ　(3)ク　(4)キ・ケ・コ・イ・オ　(5)ス

2 (右から)(1)1・3・2　(2)2・1・3　(3)3・2・1　(4)3・1・2　(5)3・2・1　(6)1・2・3　(7)3・2・1　(8)2・3・1　(9)3・1・2　(10)3・2・1　(11)3・1・2　(12)3・2・1

3 (1)ウ　(2)ア　(3)オ　(4)イ　(5)キ　(6)カ　(7)エ

4 (1)ア　(2)イ

考え方

1 「あ・い・う・え・お」「か・き・く・け・こ」…とならべてあるものを五十音順《じゅん》といいます。(1)〜(5)のことがらは、国語辞典の使い道、使い方の基本的《きほんてき》な内ようなので、しっかりとおぼえます。

2 (9)同じ音ならば、ひらがな→かたかなの順、また、清音《せいおん》→濁音《だくおん》→半濁音の順にならべてあります。

4 辞典の見出し語は言い切りの形で出ています。(1)「かり」の言い切りの形が「かりる」です。(2)は「読み返す」で一つの言葉になるので、「読む返す」とはなりません。

ステップ2　40〜41ページ

1 (右から)(1)3・2・1　(2)3・2・1　(3)2・1・3　(4)2・1・3　(5)1・3・2　(6)3・1・2　(7)2・1・3　(8)2・3・1　(9)3・2・1　(10)1・2・3

2 (1)読む　(2)始まる　(3)こぼれる　(4)走る　(5)かかえる　(6)立つ　(7)短い　(8)白い

3 (1)エ→ア→ウ→イ→オ　(2)エ→イ→ウ→ア→オ　(3)ウ→オ→イ→エ→ア　(4)オ→ウ→エ→イ→ア　(5)イ→エ→ア→オ→ウ

4 (1)カ　(2)イ　(3)オ　(4)エ　(5)ア　(6)ウ　(7)キ

考え方

1 言葉のならび順については、基本《きほん》をりかいしながら、実さいに辞典を引いておぼえます。(10)は「うおいちば・ぎょにく・さかなや」と正しく読んでから考えます。

2 後につづく言葉によって形のかわる言葉は、言い切りの形で辞典に出ていることをりかいします。

3 言葉の数が多いので、ひらがなに直してから整理してならべていくようにします。

8 言葉の意味と使い方

ステップ1　42〜43ページ

1 (1)ウ　(2)イ　(3)イ　(4)イ　(5)ア

2 (1)イ　(2)ウ　(3)イ　(4)ア　(5)ウ

3 (1)広い　(2)友人　(3)星

4 (1)イ　(2)ア　(3)ウ　(4)カ　(5)エ

5 〔れい〕〔どんな〕(1)きれいな　(2)りっぱな　(3)暗《くら》い
〔どのように〕(1)うれしそうに　(2)カサカサと　(3)いきおいよく

6 (1)イ　(2)カ　(3)ア　(4)オ

7 (1)オ　(2)エ　(3)カ　(4)イ　(5)ア　(6)ウ

考え方

1 どれもじょうたいや程度《ていど》を表す言葉です。それだけでわかりにくければ、(2)みょうな答え、(4)あざやかな色のように、具体的《ぐたいてき》に文の中でどのように使うかを考えてみましょう。

2 どれも共通《きょうつう》の漢字を使ったじゅく語ですが、意味はちがってきます。それぞれの意味を辞典で調べてみましょう。(5)は、**ア**「かほう」、**イ**「てした」、**ウ**「へた」と正しく読めるようにします。

3 (1)「広い」以外《いがい》は、人の動きや気持ちを表す言葉です。(2)「友人」以外は、家族や親せきです。(3)「星」以外は動物で、生きている物です。

5 その場面を想ぞうし、てきせつな言葉を考えます。

7 (3)「なかなかできない」と、打ち消しの言葉がつづくときもありますが、この場合は、「ずいぶん・かなり」という程度を表す意味で考えます。

ステップ2　44～45ページ

1 (1)カ　(2)キ　(3)ク　(4)ア　(5)ウ　(6)イ　(7)コ　(8)ケ　(9)エ　(10)オ

2 (1)㋐ウ　㋑イ　㋒ア　(2)㋐ア　㋑ウ　㋒イ　(3)㋐イ　㋑ア　(4)㋐イ　㋑ア　㋒ウ　㋓エ

3 (1)ウ　(2)ア　(3)ウ　(4)ア　(5)イ

4 (1)イ　(2)ア　(3)エ　(4)オ　(5)ウ　(6)キ

(7)カ

5 (1)エ　(2)オ　(3)イ　(4)ア　(5)ウ

考え方

1 当てはめようとする言葉が、文中のどの言葉につながりがあるのかを考えます。

2 多くの意味をもっている言葉は、使う場面によって意味がかわってきます。文の内ようから、その言葉の意味を考えます。

4 (5)「しめる」は「とじる」の意味です。ですから**ウ**「開ける」が反対語になります。同じ読みの**カ**「明ける」とまちがえないようにします。

ステップ3　7～8　46～47ページ

1 (右から)(1)3・2・1　(2)1・2・3　(3)3・1・2　(4)3・2・1　(5)1・3・2　(6)3・2・1　(7)1・2・3　(8)3・1・2

2 (1)なく　(2)ほえる　(3)いわう　(4)むずかしい　(5)止まる

3 (1)ウ　(2)イ　(3)ア　(4)オ　(5)エ

4 (れい)(1)㋐すべり台　㋑かさ　㋒鳥　(2)㋐投《な》げる　㋑上る　㋒書く　(3)㋐美《うつく》しい　㋑大きい　㋒速《はや》い

5 (1)エ　(2)イ　(3)カ　(4)ウ　(5)ア　(6)オ

6 (1)ク　(2)エ　(3)ウ　(4)イ　(5)カ　(6)オ　(7)キ　(8)ア

考え方

1 (7)同じ文字数の場合は、清音《せいおん》→濁音《だくおん》→半濁音の順《じゅん》です。

2 辞典では言い切りの形で出ているので、それぞれの言葉を言い切りの形に直しましょう。

3 どれも後に決まった言葉がくるものばかりです。(1)「まるで」は「まったく」の意味もありますが、ここでは「ちょうど」（たとえ）の意味で使っています。

4 文に合うように、それぞれのことがらを表す言葉を考えます。

5 (1)反対の言葉は「くろうと」です。聞いたことがない言葉があれば、辞典を引いて調べましょう。

6 (3)・(5)は後に「～ない」と打《う》ち消《け》しの言葉があるので、それをヒントに文に合う言葉をえらびます。

9 かたかなの使い方

ステップ1　48～49ページ

1 (あ行から順《じゅん》に) アウオ・カクケ・サシセソ・タチツト・ナヌネ・ヒヘホ・マムモ・ヤユヨ・リルロ・ワヲ・ン

2 (1)ツ→シ　(2)ソ→ン　(3)オ→ー　(4)っ→ッ　(5)ワ→ク　(6)が→ガ

3 (1)イ　(2)ア　(3)エ　(4)ア　(5)キ　(6)カ

(7)オ

4 (れい)㋐ノート・ランドセル
㋑アメリカ・ニューヨーク
㋒バンバン・カンカン
㋓ワンワン・モーモー

5 (1)アンテナ　(2)ヨーグルト
(3)プラスチック　(4)アイスクリーム
(5)ソーセージ　(6)ブルドーザー

6 (1)トランペット　(2)アンデルセン
(3)〇　(4)マッチ　(5)コケコッコー
(6)〇　(7)スイッチ　(8)ゴロゴロゴロ
(9)〇　(10)ポルトガル

考え方

1 「カ」と「か」、「セ」と「せ」、「ヤ」と「や」など、かたかなとひらがなの字形がよくにているものは、とくに注意して書きます。

2 (3)かたかなでのばす音は、「ー」と書きます。

6 (3)「ふわりふわり」は、(8)のような物の音ではなく様子を表す言葉なので、ひらがなで書きます。

ステップ2　50〜51ページ

1 (1)ポスト・サッカー・ミシン・エスカレーター・フライパン
(2)エジプト・ピカソ・バルセロナ
(3)バタン・ピヨピヨ

2 (1)くっしょん→クッション
ぴんく→ピンク
(2)おむらいす→オムライス
ぐりんぴいす→グリンピース
(3)べらんだ→ベランダ
けちゃっぷ→ケチャップ
(4)ぱん→パン・わんわん→ワンワン

3 (れい)(1)ペンギン・ライオン・ゴリラ・パンダ
(2)トラック・バス・ヘリコプター
(3)ナイフ・スプーン・コップ・カメラ
(4)バナナ・トマト・プリン・ゼリー
(5)スキー・テニス

4 ロンドン・イギリス・ペダル・ハンドル・ロケット・ゴーゴー(ゴオゴオ)・スピード・バス・プール・クロール

考え方

2 全部で八か所あります。(3)「ふかふか」は様子を表す言葉なので、ひらがなで書きます。

10 ローマ字

ステップ1　52〜53ページ

1 (1)イ　(2)ア　(3)ア　(4)ア　(5)イ　(6)ア

2 (1)ア　(2)ア　(3)イ　(4)ア　(5)イ　(6)イ

3 (1)エ　(2)ウ　(3)イ　(4)カ　(5)ア　(6)ク
(7)キ　(8)オ

4 (1)時間　(2)しっぽ　(3)病気
(4)ロンドン　(5)金曜日

5 (1)Watasi(shi) no sukina kudamono wa, ringo to nasi(shi) desu.
(2)"Kyô wa doko e odekake desuka ?"
"Musume to hon'yasan e itte kimasu."
(3)Kinô, Ôsaka e ikimasi(shi)ta.

考え方

2 (2)・(6)つまる音は、次にくる音のはじめの字を重ねて書きます。(3)のばす音は、「ô」のように「^」(のばす音のしるし)をつけて書き表します。(5)「ん(n)」の後に音切りの記号「'」を入れないと、「パニャ」となるので、イが正しい書き表し方です。

4 (5)nの後に音切りの記号があるので、「きにょうび」ではなく、「金曜日」となります。

5 文のはじめと国名や地名は、はじめの文字を大文字で書きます。(2)「本屋さん」は、「honyasan」(ほにゃさん)とならないように、音切りの記号をつけます。また、ほかの言葉の後につく「は・を・へ」は、発音と同じように書きます。なお、( )内はローマ字のべつの書き表し方(ヘボン式)です。

ステップ2　54〜55ページ

1 (1)黒板　(2)お父さん　(3)日曜日

(4)ニュース　(5)えん筆　(6)さっぽろ
(7)石けん　(8)今夜　(9)発表会　(10)全員

2 (1) obasan　(2) onêsan　(3) zi (ji) dai
(4) kyûri　(5) kingyo　(6) byôin
(7) hassya (sha)　(8) kippu　(9) kanzi (ji)
(10) zyu (ju) kugo　(11) sensyu (shu)
(12) syu (shu) ppatu　(13) gen'in
(14) Pikaso

3 夜、読書をした。
「ごんぎつね」が、鉄ぽうでうたれたところでは、わたしはなみだが出てきた。

ごんが、心を入れかえて、ひょうじゅう(兵十)のところへ、くりやまつたけを持っていったことが、わたしの心からはなれない。

4 (1)エ　(2)ウ　(3)イ　(4)ア　(5)カ　(6)オ

5 Kyô, haha ga dekakete, watasi (shi) dake ga ie ni iruto, sensei ga korarete, "Okâsan wa imasuka ?" to okikini narimasi (shi) ta.

考え方

2 (7)「は・っ・しゃ」、(12)「しゅ・っ・ぱ・つ」と考えて書きます。(2)・(4)・(6)はのばす音、また(13)は音切りの記号をわすれずに書きます。

3 前後の言葉や文のつながりにも気をつけて書き直します。

4 (1)~(6)、**ア**~**カ**のローマ字を正しく読んでから考えます。(1)切手、(2)人形、(3)にんじん、(4)絵本、(5)リコーダー、(6)じょうぎで、**ア**書店、**イ**八百屋、**ウ**おもちゃ屋、**エ**ゆうびん局、**オ**ぶんぼうぐ屋、**カ**楽器《がっき》店となります。

ステップ3　9~10　56~57ページ

1 (れい)(1)ハワイ・パリ・ニューヨーク・イギリス
(2)テレビ・コンピューター・ボール・サッカー
(3)トントン・ガチャン・ワンワン・ニャーニャー

2 (文中のそれぞれのひらがなを═で消して)
(1)ピラミッド・エジプト・アフリカ
(2)カナリア・ピーピー(ピイピイ)
(3)レンジ・ハンバーガー・スープ
(4)チワワ・キャンキャン
(5)マイケル・アメリカ・フットボール
(6)エジソン・フィラメント
(7)パソコン・インターネット

3 (1)イ　(2)イ　(3)イ　(4)イ　(5)ア　(6)イ

4 (1) matti　(2) bisuketto
(3) Girisya (sha)　(4) Tôkyô
(5) sya (sha) npû　(6) Ôsutoraria
(7) kin'yôbi　(8) Naporeon
(9) Kyôto-si (shi)　kita-ku

5 (1)ウ　(2)カ　(3)イ　(4)エ　(5)ア　(6)オ

考え方

1 この三分野が、かたかなで表記するきまりであることをりかいしましょう。

2 1の(1)~(3)に当たる言葉は、すべてかたかなで書きます。

4 ローマ字で書くとき、「ッ」や「ャ」などの表記は、いちばんまちがえやすいところです。注意して書きましょう。また、(3)・(4)・(6)・(8)・(9)の国名・地名・人名などの頭文字は、大文字で書きます。

5 (1)飛行機《ひこうき》、(2)チューリップ、(3)バッタ、(4)きりん、(5)妹、(6)夕立、**ア**家族、**イ**こん虫、**ウ**乗り物、**エ**動物、**オ**天気、**カ**植物 となります。

11 こそあど言葉

ステップ1　58~59ページ

1 (1)ウ　(2)イ　(3)ア　(4)ウ　(5)イ

2 (1)イ　(2)ウ　(3)ウ　(4)イ　(5)ア　(6)イ
(7)ア

3 (1)イ　(2)ア　(3)イ　(4)ウ　(5)ア

4 どこ・その・その・あの

⑤ (1)イ　(2)イ

考え方

①～③「これ」「それ」「どれ」は物、「ここ」「そこ」「どこ」は場所を指ししめすときに使います。「この」「その」「どの」は、下にくるものを指定するときに使います。

④「こ・そ・あ・ど」から始まる言葉をさがします。

⑤ こそあど言葉が指す内ようは、ふつうその前に書かれています。

ここに注意 こそあど言葉は、指ししめす内ようや場所によって、次のように分類《ぶんるい》できます。

	話し手に近い	聞き手に近い	どちらにも遠い	はっきりしない
指定する	この	その	あの	どの
物	これ	それ	あれ	どれ
場所	ここ	そこ	あそこ	どこ
方向	こちら	そちら	あちら	どちら
状態《じょうたい》様子	こんなこう	そんなそう	あんなああ	どんなどう

ステップ2　60～61ページ

① (1)イ　(2)ウ　(3)エ　(4)エ(ウ)　(5)ア　(6)イ　(7)ア

② (れい)(1)ほしたら、かたく、軽くなったこと。
(2)食べものにふくまれるたくさんの水分。
(3)カビなどの、目に見えない小さい生きもの。

③ (1)㋐白い、大きな建物　㋑天文台
(2)㋐あおむけになったりして、ぐっすりねむること。　㋑あおむけになったせい。

④ (1)「明日、野球を見に行くけど、いっしょに来ないか。」
(2)真っ白の建物
(3)よろめきながら歩いていた
(4)コロッケとトマト

考え方

② こそあど言葉は、ふつう前の文や語句を指すので、どこからどこまで指しているかに気をつけて読みます。

③ こそあど言葉のかわりに、答えと思う言葉を当てはめてみて意味が通じれば、それが指している内ようです。

④ (1)のように、指す内ようがこそあど言葉の後に書かれている場合は注意しましょう。

12 つなぎ言葉

ステップ1　62～63ページ

① (1)も・も　(2)とか・とか　(3)たり・たり　(4)や　(5)ば

② が・ので・ば・ても・と

③ (1)ところで　(2)ですから　(3)このように

④ (1)けれども(しかし)　(2)それで(だから)　(3)けれども(しかし)　(4)すると

考え方

① 前のことがらと後にくることがらをしっかりつかんで、そのつながり方を考えます。(3)「～たり、～たり」とくり返して使うようにします。

② 言葉と言葉、文と文をつなぐ言葉を入れる問題です。文章を何度も読み、(　)の前後の言葉から考えます。

③「それとも」は、前と後のどちらかをえらぶこと、「ところで」は、話題をかえて、次に進むことを表します。「ですから」は、前のことがらを理由として、その結果《けっか》が後にくること、「このように」は、これまでのべたことをまとめることを表します。

④ 前の文の表すことがらと後の文の表すことがらをしっかりつかんで、そのつながり方を考えます。(1)と(3)は反対の意味につながるもの、(2)と(4)は前のことがらが、後のことがらの原因《げんいん》や理由になっています。(1)・(3)は「でも・だが」でもよいです。

ステップ2　64～65ページ

1 (1)それに　(2)それとも　(3)だから
(4)でも　(5)では

2 (1)エ　(2)ア　(3)ウ　(4)イ

3 (れい)(1)㋐天気予ほうでは、今日は晴れらしいが、今にも雨がふりそうだ。
㋑天気予ほうでは、今日は晴れらしい。しかし、今にも雨がふりそうだ。
(2)㋐雪がたくさんふったので、雪だるまを作った。
㋑雪がたくさんふった。それで、雪だるまを作った。
(3)㋐練習は、九時からの予定だったが、始まったのは十時からだった。
㋑練習は、九時からの予定だった。ところが、始まったのは十時からだった。
(4)㋐父がケーキを買ってきたし、母もケーキを買ってきた。
㋑父がケーキを買ってきた。また、母もケーキを買ってきた。

4 (1)ところが・それで
(2)さらに・なぜなら

考え方

1 (1)は、前のことがらにつけくわえることを表すもの、(2)は、前と後のどちらかをえらぶことを表すものを入れます。(5)は、話題がかわることを表すものを入れます。

4 (2)の㋑で「雨も」とあるので、その前には、つけくわえる場合に使うつなぎ言葉の「さらに」が入ります。

ステップ3　11～12　66～67ページ

1 (1)大きなかん板がある曲がり角
(2)赤い手ぶくろ
(3)「それにさわらないでね。」
(4)山のちょう上

2 (1)わたしのとなり
(2)青森県
(3)(今年は天気が悪く、)いいりんごができなかった

3 (1)ウ　(2)オ　(3)エ　(4)イ　(5)ア

4 (1)けれども　(2)それで　(3)それとも
(4)それに　(5)それから　(6)ところで

5 (1)が　(2)て・だり　(3)でも

6 (れい)(1)うちの犬は大きいが、とてもおく病だ。
(2)学校が休みだから、門はとじている。

考え方

1 (1)では「大きなかん板がある」もふくめて答えます。

2 ふつう、こそあど言葉が指ししめす内ようはこそあど言葉の前に書いてありますが、(1)では後に書いてあります。

5 (2)「～たり、～たり」となりますが、この場合は「～たり～だり」とにごります。

6 二つの文をつなぐときは、できるかぎり元の文をかえないようにします。(1)は「けれど・けれども・のに」など、反対のことがらがくるときに使う言葉なら正しいです。

13 文の組み立て ①

ステップ1　68～69ページ

1 (1)ア・エ・ク・コ
(2)イ・カ・ケ・キ・コ
(3)カ・ウ・オ・サ

2 (1)イ　(2)ア　(3)ア　(4)ウ　(5)イ　(6)ウ

3 (1)ほえながら
(2)大よろこびで
(3)ゆっくり　歩いて
(4)水平線に
(5)ういたり　しずんだりしながら

4 (1)赤おにが　住んでいた
(2)風が　ふいてきた
(3)運動場は　広い
(4)教室は　しずかだ

5 (1)黒い　(2)ぶあつい　(3)小さい
(4)やきたての　おいしそうな
(5)どしゃぶりの
(6)大きな

考え方

2 それぞれの文の述語の部分がどんな形をしているかに注意しましょう。

3 述語の動作をくわしく説明《せつめい》している言葉をさがします。(3)は、「ゆっくり」と「歩いて」の二つあることに注意します。

4 まず述語を見つけ、次に「何が(は)」に当たる主語を考えます。

5 主語をくわしくしている言葉は、ふつう主語のすぐ前にあります。(1)で、主語の前にある「黒い」は主語をくわしくしている言葉ですが、「いきなり」は述語(「とび出してきた」)をくわしくしている言葉です。

ステップ2 70〜71ページ

1 (主語・述語の順《じゅん》に)(1)オ・キ　(2)エ・カ　(3)ウ・オ　(4)イ・エ　(5)ア・カ、ケ　(6)イ・エ

2 (れい)(1)㋐赤い　㋑きれいな　㋒庭《にわ》に　㋓たくさん　(2)㋐小さな　㋑青い　㋒すいすいと　㋓元気よく

3 (1)イ　(2)ウ　(3)ア　(4)イ　(5)ア

4 (1)㋐その場で　㋑男に　㋒重い　㋓ばつを　(2)㋐小さな　㋑においつきの　㋒ある日　㋓おまもりを

5 (1)ウ・エ　(2)ア・イ・ウ　(3)ア・エ・オ

考え方

1 (4)の「母だけ」のように、主語が「〜が(は)」の形になっていない場合もあるので注意します。(5)は、述語が二つある場合の文です。

4 □はそれぞれ主語と述語です。それ以外《いがい》の言葉がどの言葉をくわしくしているのか、矢じるしに注意して考えるといいでしょう。(2)では、㋐と㋑が㋓の言葉をくわしくしています。

5 それぞれくわしくしている言葉が二つ以上あります。(3)では、「すやすやと」が、〰〰線の言葉からはなれたところにあるので注意します。

14 符号の使い方

ステップ1 72〜73ページ

1 (1)イ　(2)ア　(3)イ　(4)イ　(5)イ　(6)ア　(7)ア

2 (1)イ　(2)ア　(3)ア

3 (1)今日のばん、／動いていて、／食べるたびに、／その間は、／ぬけた歯は、
(2)夏休みに、／行ったり、／島めぐりをしたり、／おいしく、／帰ってから、

4 (れい)お助《たす》けください

5 (1)キ　(2)ア　(3)オ　(4)ウ　(5)エ

考え方

1 それぞれの文の中で、意味のまとまりを考え、切れ目に読点をつけます。

2 読点のつけ方で、二通りの読み取り方ができます。読点の場所で切って読み、しっかりと文の表す意味をとらえます。

5 イは「？」、カは「。」(句点《くてん》)、クは「、」(読点)の説明《せつめい》です。(3)と(5)はまちがえやすいので注意しましょう。(1)は中黒(中点)、(2)はかぎ、(3)はダッシュ(中線《なかせん》)、(4)は二重かぎ、(5)はリーダー(点線)といいます。

ステップ2 74〜75ページ

1 おじさん、……ございました。
「大阪のおじさんから、手紙が来たよ。」
……知らせると、……集まってきて、
……読み合いました。

2 (1)ひろ子さんはお父さんと、お母さんにおみやげを買ってきました。
(2)ひろ子さんは、お父さんとお母さんにおみやげを買ってきました。

3
大きな声で、
「おはよう。」
と、ぼくが言うと、
「いい天気よ。」
と、お母さんがほほえ
んだ。

4 『遠足は次の水曜日にあります。』

5 三びきの子ギツネは、｜はじめて外に出てみたのでした。｜大よろこびで、｜よたよたとお母さんのあとについていきました。｜しばらく行くと、｜お月さまが出ました。｜木のかげが、｜ちらちらと落ち葉の上でゆれます。｜お母さんギツネのかげも、｜子ギツネのかげも、｜落ち葉にくっきりうつります。｜

6 (1)ア・キ、エ・ケ（点の場所、丸の場所の順《じゅん》に）
(2)ア・オ、ウ・ク

考え方

1 意味の切れ目、文の終わり、人が話した言葉はどこかを考えて、正しい場所に正しい符号を使います。

3 原こう用紙のます目に書くときは注意します。句読点もかぎも一ますに書きます。また、会話文は行をかえて書きます。

4 二重かぎは、かぎの中にさらにかぎを使うときにつけます。

13〜14 ステップ3

76〜77ページ

1 (1)オ・イ　(2)ク・カ　(3)ア・T
(4)ウ・キ（それぞれぎゃくでもよい）

2 (1)ウ　(2)オ　(3)ウ

3 (1)電車は　きれいだった
(2)さいふが　見あたらない
(3)わたしだけ　行けなかった

4 (1)イ　(2)ア　(3)ウ

5 ロボットには、｜はたらくロボットのなかまと、｜遊ぶロボットのなかまとがあります。｜今、いろいろな分野で、｜はたらくロボットの研究と実用化が進んでいます。｜工場ではたらくロボットは、｜次々とふえています。｜また、人間の行くことができない所を調査するロボットなども開発されています。｜

6 (1)エ・オ・キ　(2)イ・ウ

7
　うまやの角をすぎて、お花
畑から麦畑へあがる草の土手
の上で、虫をふせました。
　とってみると、かぶと虫で
した。
「ああ、かぶと虫だ。かぶと
虫とった。」
と、小さい太郎は言いました。
けれど、だれも、何ともこた
えませんでした。

考え方

1 書いてあるのは、すべて主語と述語です。文としてうまくつながるように、述語をくわしくしている言葉をえらびます。

3 「〜が」「〜は」だけでなく、(3)のように「〜だけ」の場合も主語になるときがあります。

7 まずひつようなところに正しい符号をつけたうえで、ますにはどのように書くかにも注意します。ますのいちばん上に句読点がくるときは、八行目のいちばん下のますのように、文字と同じますに書きます。

15 詩を読む

ステップ1

78〜79ページ

1 (1)がようし
(2)・おおきくなったらしたいこと
・いつかきっとなりたいもの
(3)ウ

2 (1)のら犬
(2)しっぽをたらして
(3)(はじめ)そいつがこのごろは
(終わり)なんて目つきで
(4)のら犬・表札・いばりだした

考え方

1 (1)詩のはじめに「しろい　くもは　ゆめをかく　がようし」とあるので、「がようし」にたとえていることがわかります。これは、「……がようしのようだ」という言い方と同じで、たとえを表す「ようだ」をはぶいた形です。詩ではよく使われる、たとえの表現《ひょうげん》技法《ぎほう》なので注意しましょう。(2)第《だい》二連《れん》の終わりの四行に注目します。

2 (1)「そいつ」は、「そのひと」などのらんぼうな言い方です。ここは「のら犬」を指しており、後の「あいつ」も同じです。
(3)第一連は、のら犬のときのみすぼらしい様子の部分と、「そいつがこのごろは」以《い》下《か》のいばっている様子の部分に分けられます。だから、答えは「そいつがこのごろは」と「なんて目つきで」となります。
(4)詩の中から当てはまる言葉をぬき出します。

ここに注意 文章でいう「段落《だんらく》」のことを詩では「連《れん》」といいます。ふつう連と連の間は一行空けてあります。一つ一つの連に、どのようなことが書かれているかをつかんで、詩の組み立てを考えましょう。

ステップ2 80〜81ページ

1 (1)(とうさん)おおきなて
(ぼく)ちいさなて
(2)もつ(もちあげる・もてる)
(3)①ボタンはずしも　だいじょうぶ
②ミミズをつまんで　クルクルリ
(4)とうさんのあしのうらだって　こちょこちょしたなら　イチコロさ

2 (1)秋
(2)入道雲にのって　夏休みはいってしまった
(3)すばらしい夕立をふりまいたこと。
(4)ア・(れい)「だがきみ！　夏休みよ」と、友だちに話しかけるように書いているから。
(5)まいごのセミ・さびしそうな麦わらぼうし・ぼくの耳にくっついてはなれない波の音
(6)(第)二(連)

考え方

1 (1)それぞれ、第一連と第二連のはじめの一行に注目しましょう。(3)第一連は「とうさんので」、第二連は「ぼくので」について書かれています。それぞれの各行をくらべてみると、同じ言葉やにたような言い方がくり返されていることがわかります。(4)ぼくの「ちいさなて」のできることで、とうさんにも負けないよという気持ちが出ているのは終わりの「とうさんのあしのうらだって……イチコロさ」でしょう。

2 夏休みは、海や山に出かけることが多いきせつです。海水浴《よく》や山登りと思い出はつきません。その心にのこしてくれたものが「わすれもの」です。そのことから、作者がどんな気持ちで、夏休みを考えているかを想ぞうしてみましょう。

16 物語を読む

ステップ1 82〜83ページ

1 (1)ウ　(2)ひわひわ
(3)北のはてのさびしい氷の国から、昼も夜も休みなしに、とびつづけてきたから。
(4)きれいな湖のほとり

2 (1)とかげ　(2)村の社の石だん
(3)まるでかげがちらちらするような
(4)「うめの花のにおいがする。」
(5)うめの花のにおいがする。
(6)うめ・いぬふぐり・ねこやなぎ・たぜり

考え方

1 短い文章の中から、つるのわたりの様子を感じ取りながら読みます。(3)は理由を問われているので、文末《ぶんまつ》は「〜から。」とします。

ステップ2 84〜85ページ

1 (1)イ　(2)きれいな光るもの
(3)ウ　(4)タヌキ(のすがた)

2 (1)中山くんの〜ったのだ。
(2)なんじゃで　(3)ア
(4)(れい)自分のことばのなまりがはずかしいので、わらわれまいとして、しゃべらないように用心していたから。

考え方

1 (2)後の会話文中に、「きれいな光るものもたくさん通るし……」とあります。

2 (2)中山くんの言葉の終わりのほうに注意します。「なんじゃで。」は、中山くんが前に住んでいた地方の言い方で、ひょうじゅん語では「だよ。」などと言います。(3)この文章の後のほうに、「自分のことばのなまりがはずかしかったのだ」とあります。(4)最後《さいご》の二つの文をうまくつないで、答えをまとめましょう。

17 大事なところをおさえて読む

ステップ1

86〜87ページ

1 (1)①ウ ②イ
(2)こんぼう・刃もの・弓矢・てっぽう
(3)イ

2 (1)校長先生・(一人の)男の先生・みんな
(2)「いいかい? 今日の先生だよ。なんでも教えてくださるからね。」
(3)①しまのはんてん ②手ぬぐい
③こんのもめんのほそいの
④地下たび
⑤少しやぶれた麦わらぼうし
(4)㋑イ ㋒ア ㋓ウ

考え方

1 (1)①「たしかに」は、世間のひょうばんや意見に同意する様子を表す言葉。②「けっして」は後に「ない」や「ません」をともなって、強く打ち消す言葉です。(3)文章の大事な点をとらえる問題です。ここでは、真ん中の二つの段落《だんらく》の内ように注意します。「人間には、手があります」「道具や武器をつくったり」「武器を手にすると、人間はたいへん強い動物です」などから、イ「手が人間を強くした」が筆者の言いたかったことだとわかります。

2 (2)前に書かれている、校長先生が言った言葉がそれに当たります。

ステップ2

88〜89ページ

1 (1)におい
(2)②いいかおり ③くさいにおい
(3)虫が花の中を動き回るとき
(4)花は、においで虫をよび、実をつくる手助けをしてもらっているのです。
(5)・きれいな花の色
・花が出すあまいみつ

2 (1)西の空 (2)イ
(3)まん丸い月
(4)地球にいちばん近い星だから。

考え方

1 (1)「かおり」という言葉は文中に何度も出てきます。それと同じように、にた意味を表す「におい」も、多く出てくることに注意します。

2 (1)「西の空に、細い細い三日月が」とあります。(2)すぐ後の文に「日にちがたつと、月はだんだん大きく太って」とあることから考えましょう。

15〜17 ステップ3 ①

90〜91ページ

1 (1)お月さま
(2)(れい)月の出ていない夜だから。
(3)イ

2 (1)あるとき
(2)昔、お母さんとすんでいた巣の近く
(3)子ぎつねは、のどをならして、次から次へと食べました。
(4)「待っておいで、おいしいものを、とってきてあげる。」
(5)お母さん・ぶどう・ぶどう

考え方

1 (2)ここ(日本)がお昼なら、さばくのある、遠い国では夜で、しかも月が出ていないので真っ暗だと考えます。

2 (1)月日や日時がかわるところに注意します。童話や物語では、「あるとき」「ある日」などの書き出しで、大きなできごとやじけんが引きつづき語られることが多いものです。

(3)「のどをならして、次から次へと」というところに目をつけます。(4)子ぎつねのひとりごとがほとんどですが、一か所だけ、お母さんの声が書かれているところがあります。すぐ前に「ふと、お母さんの声を思いだしました」とあります。

15～17 ステップ3 ❷
92～93ページ

❶ (1)①エ ②ウ ③ア ④イ
(2)はじめのうちは一つきりだったひが、二つになり、三つになり、はては、十にもふえました。
(3)(れい)㋐町のひ ㋑表のかん板
㋒自転車のかん板や、めがねのかん板
(4)ぼうし屋
(5)とんとん→トントン
(6)「こんばんは。」
(7)黒い大きなシルクハットのぼうし（のかん板）
(8)エ (9)(れい)ぼうし屋の店の中の光

考え方

❶ 長い文章を読んで問いに答える問題は、「問題の意味を正しくつかむ」→「文中からその答えを見つけ出す」ということになれるようにします。(5)「とんとん」は物音なので、かたかなで書きます。(9)戸が開いたときに光のおびがのびたので、店の中の明かりの光だと考えます。

18 説明文を読む

ステップ1
94～95ページ

❶ (1)㋐ウ ㋑オ ㋒イ
(2)海を泳ぎながら息をするのに、都合がよいから。
(3)イヌ
(4)①(鼻の役目)息をする。②(鼻の役目)においをかぐ。③(動物のれい)イノシシ

❷ (1)①ぽんぽんはずんで、あんまり音がしません。②カンコン音がします。
(2)ゴムはあたりをやわらかくしたり、音を小さくするくせをもっていること。
(3)くつのそこ・タイヤ

考え方

❶ (1)段落《だんらく》のはじめにある「つなぎ言葉」のはたらきを考える問題です。段落と段落のつながり方を考えます。㋐は前の段落と同じ話題ですが、新しいことをもち出しているので「では」を、㋑は前の段落の内ようからべつの話題にうつっているので、「さて」がふさわしいといえます。㋒は前の段落につけくわえているので「また」が入ります。
(4)段落ごとに何が書いてあるかをつかんで、大事な言葉をそれぞれ入れましょう。

❷ この文章は、ゴムのじっけんと、そのけっか、たしかめられたことという流れになっていることをつかみましょう。

ステップ2
96～97ページ

❶ (1)①ウ ②エ ③イ (2)イ
(3)ペットボトル～がわかります
(4)ペットボトルの、大きいのと小さいのを、二つ
(5)(れい)(小さいほうのペットボトル)・力を入れておさえないと、水の中に入れることはできない。・力をぬくと、あっというまにういてしまう。
(大きいほうのペットボトル)水の中に入れるのに、小さいペットボトルよりもっと力がいる。
(6)大きいものほど、水の中では、うかせようとする力が大きいこと。
(7)お父さん (8)体・水の量

考え方

❶ (1)じゅんじょを表す言葉と、前にのべたことをまとめるときに使う言葉に注目します。(2)何についての説明かという、大事な点をとらえる問題。文章のはじめのほうと、終わりのほうに注意します。また、何度も出てくる言葉に注目します。(3)実験の様子とその結果をのべている段落をとらえます。

(6)実験のけっかわかったことをまとめている文を見つけましょう。

19 いろいろな文章を読む

ステップ1 98〜99ページ

1 (1)歯科けんしん (2)虫歯
(3)(れい)㋐歯医者(さん) ㋑早く
㋒時間
(4)①歯をけずって、ねん土のようなものを、つめてもらった。
②薬を飲んで、いたみがひいてからぬこう、と言われた。
(5)これからは虫歯や病気になったら、もっと早くお医者さんに行こう。

2 (1)オ・カ (2)イ・ク(ク・イ)・ケ
(3)ウ・ア (4)エ・キ

3 (1)三年生・おじいちゃん
(2)ドッジボール・おにごっこ
(3)/いちばんの

考え方

1 (3)文と文のつながりをつかみ、自分自身でてきとうな言葉を考えます。

ステップ2 100〜101ページ

1 (1)オオカマキリ(カマキリ)
(2)うす茶色(から)みどり色
(3)草の色にまぎれて、えものに気づかれずにちかづくことができるから。
(4)まるで、草の中にとけこんでしまったようです。

2 (1)ぬの
(2)つう、おい、待て、待てちゅうに、おらも行くだ。
(3)あたしはもう人間のすがたをしていることができないの。
(4)……さよなら……元気でね……さよなら……さよなら……本当にさよなら……
(5)イ

考え方

1 記録《きろく》・かんさつ文です。数字や、物事の変《へん》化《か》していく様子に注意して読みましょう。(2)すぐ前の段落《だんらく》に「うす茶色……みどり色にかわってきました」とあります。(4)「まるで……ようです」というたとえを表す言い方に注目します。

2 (1)つうのはじめの言葉の中に「そのぬの、一まいだけは……」とあります。(2)つうが本当にどこかへ行ってしまう、とわかったときの、よひょうのおどろきと、つうへの思いが表れているところをさがします。(4)「さよなら」という言葉が何度もくり返されています。(5)脚本《きゃくほん》の中でせりふ以外《いがい》に、登場人物の動作やしぐさを説明《せつめい》している言葉です。「ト書き」といいます。

20 まとめて読む

ステップ1 102〜103ページ

1 (1)どんぐり拾い
(2)/ゆうびん局の・/大急ぎで
(3)(れい)(一つ目)どんぐり拾いに出かけるまで
(二つ目)行くとちゅうのこと
(三つ目)どんぐり拾いの様子
(4)(れい)行をかえて、一字下げて書き始める。

2 (1)紙ひこうきをちらかしっぱなしにしたこと。
(2)①一・四 ②十一・十二
(3)(れい)紙ひこうきを作ってとばし、運動場に紙ひこうきをちらかしっぱなしにしたこと。
(4)町田君 (5)パン屋の広告
(6)(れい)広告をたくさん持ってきて紙ひこうきを作り、うまくとばなかったり、だめになったりすると、また、新しいのを作って、みんながとばしたから。

考え方

❶ (1)文章の題名を考える問題といえます。文中でよく使われている言葉に注目しましょう。(3)段落《だんらく》ごとに「要点《ようてん》」をまとめる問題です。しっかりと読んで、何の場面なのかをとらえます。

ステップ2

104〜105ページ

❶ (1)①つけもの　②かまぼこ　③ねばりやコシをだすため。　④みそ　⑤はっこうしすぎないようにするため。

(2)(しょうゆ)こうじきん

(パン)イーストきん・こうぼきん

❷ (1)らしい・ということだ

(2)(いつごろ)三千年以上前

(どこで)中国

(3)おはしとスプーンのセット

(4)・(中国やベトナムのおはし)長い

(そのわけ)大きな皿にもった料理を、みんなの中央におき、手をのばして食べるから。

・(日本のおはし)短い

(そのわけ)むかしは一人一人のおぜんに料理をもったから。

考え方

❶ (1)段落《だんらく》と段落のつながりに注意します。しおを使ってつくる食べもののうち、「みそやしょうゆ、パン」は、後の三つの段落にわたって説明《せつめい》されていることに気づきましょう。

❷ (1)文末《ぶんまつ》の言い方に注意する問題。「…なった。」「…のだ。」と言い切る形とはべつに、「…らしい。」「…ということだ。」のように、「だいたいそのようだ」、「と聞いている」という意味をそえる言い方があることに注意します。(4)「…からだ。」「…のだ。」という理由をのべる言い方にも注意します。

18〜20 ステップ3

106〜107ページ

❶ (1)エネルギーの　(2)オ

(3)(れい)「エネルギーを持っている」という言い方。

(4)自分や自分以外の物を、変化させるチカラを持っている

(5)水がお湯になるとき・暗い部屋が明るくなるとき・地面にあった物が持ち上げられるとき

(6)エネルギー

❷ (1)ウ　(2)(集合)時間

(3)3服そう　4持ち物

考え方

❶ (1)文章の組み立てを考えます。ここでは、三つ目の段落《だんらく》に「エネルギーのことを、もっと考えてみましょう。」というよびかけがあることに注目します。ここからが後半です。(5)すぐ後に、具体的《ぐたいてき》なれいが三つあげられています。

❷ (2)「日時」だから、時間もふくまれます。(3)案内《あんない》文で、ぬけてはならないことがらです。遠足のしおりなどを思い出してみましょう。

21 文の組み立て ②

ステップ1

108〜109ページ

❶ (1)秋になると、たくさんのどんぐりを落とす

(2)(れい)㋐どんぐりの木たちが

㋑森の動物たちがどんぐりをうれしそうに食べるのを

(3)(はじめ)動物たちは

(終わり)らずにね。

(4)ウ

(5)冬・よけいに・木・たね

❷ (右から)(1)3・1・6・4・2・5

(2)3・1・4・2

考え方

❶ (1)・(3)この文章では、「こう」「そう」などのこそあど言葉に注意して読みましょう。(1)「そう」は前の文の内ようを指していますが、(3)「こういうわけなんです」の「こう」は、この後の段落《だんらく》の内よう全体を指し

ていることに注意します。

❷「。」(句点《くてん》)がついている文の上には、どういう内ようのものがくるのかを考えます。

ステップ2　110～111ページ

❶ (1)でも、色の
(2)いちご・メロン・レモン
(3)ガラスのかけらのようなこまかい氷
(4)ウ
(5)水分がほとんどなくなったこいオレンジジュースが、氷におしだされコップのそこにたまっていたから。

❷ (右から)(1)2・4・1・5・3
(2)3・1(2)・4・2(1)・5
(3)2(1)・4・5・3・6・1(2)

考え方

❶ (1)二つ目の段落の「でも、色のついたこんな氷……見たことありますか?」という問いかけに注目します。ここからが後半で、本題に入っています。

22 文章を書く ①

ステップ1　112～113ページ

❶ (1)小川ゆう子(が)おじさん(に)
(2)十二月十八日
(3)ア・ウ

❷ (1)秋・いちょうの葉が真っ黄色
(2)ウ・おっしゃった(言われた)
(3)(れい)②運動場のいちょうの木の下で、先生を真ん中に、写真をとった。
③だれかがわらったので、みんなわらってしまった。
④「ありがとう。」と言って、帰った。

考え方

❶ (3)手紙のはじめの部分で、みかんを送ってもらったお礼を書いています。その後に、自分や家族のくらしの様子をつたえています。

❷ (1)「秋」とわかるように、「いちょう」だけではなく、「いちょうの葉が真っ黄色」と答えます。(2)まず、それぞれの主語を考えます。次に、先生のお友だちに対して、うやまった言い方になっているかどうかたしかめます。

ステップ2　114～115ページ

❶ (1)大山かずお(が)北川太一君(に)
(2)(れい)もうちょうの手じゅつをして、学校を休んでいる。
(3)ウ
(4)②(れい)北川君の手じゅつのあとがよいので、安心した。
③(れい)学校で水泳が始まり、石拾いのきょうそうをした。
④(れい)みんな、待っている。
⑤㋐七月十日　㋑北川太一君

❷ (1)エ
(2)(れい)(おばあさんは、)お寺まいり、お母さんは、にしんが食べたい、お父さんは、すいかの大きいのをたくさんとってやると言った。

考え方

❶ (2)「学校を休んでいる」という内ようを入れて答えます。(3)さいしょの一文で、何の手紙かがわかります。(4)手紙を書く前に、内ようごとにかんたんにまとめたものがメモになります。

23 文章を書く ②

ステップ1　116～117ページ

❶ (1)(れい)㋐めを出したこと。　㋑本葉が開いたこと。
(2)土の中からめを出した様子。
(3)葉の形
(4)葉のふちが、小さなぎざぎざになっている形。

❷ (1)タヌキ(親ダヌキ)の活動　(2)ウ
(3)・子どもたち　・おちちをね
・ふうふでフ

❸ (れい)(2)銀行を右に曲がり、まっすぐ

行きます
(3)右に曲がると・公園があります
(4)左に曲がってまっすぐ行くと、学校が右に見えます
(5)学校とガソリンスタンドがある十字路を左に曲がって

考え方

1 このような文をかんさつ文といいます。(2)前後に「めを出した」とあります。

2 野生のタヌキの活動をかんさつ、記録した文章です。日時や細かくかんさつしているところに注意します。(2)タヌキは夜行性の動物ですが、ここでは朝早く活動することもほうこくされています。(3)親ダヌキの行動や様子をくわしく記した文を、三つさがします。

3 地図を見ていない人に対して、ていねいに道順《みちじゅん》を説明《せつめい》します。目じるしになる建物《たてもの》をかならず入れて、右に曲がるか左に曲がるかをまちがえないようにします。

ステップ2　118〜119ページ

1 (1)ア細い糸
イくものおしりから出ている
ウ(橋のようにはられた糸の)真ん中ほど
(2)あカ　いオ　うア　えイ　おウ　かエ
(3)(れい)くもが高いところにどんなふうにしてすをはるのか、ふしぎだから。
(4)①5・6　②7・8　③9　④10

2 (れい)(1)赤ちゃんにごはんを食べさせています。
(2)お母さんにごはんを食べさせてもらっています。

考え方

1 (4)各《かく》段落の内ようをよく読み、くわしく説《せつ》明《めい》している段落をえらびます。二つの段落にわたって説明しているものもあるので、注意深く読むひつようがあります。

2 主語をかえると、二通りの書き表し方ができます。主語に合わせて、述語《じゅつご》の書き方を考えましょう。

21〜23 ステップ3　120〜121ページ

1 (右から)(1)3・4・1・6・2・5
(2)2・4・3・6・1・5

2 (1)ア　(2)エ
(3)家ののき下のところ
(4)みんな、つばめをおどろかさないように、気をつけた。
(5)(れい)つばめが家ののき下にすを作っているのを、家族《かぞく》で見守《みまも》ったこと。(三十字)

3 (れい)(1)きのうは、おり紙で船を作りました。水にうかべたら、しずまずに、ういていたので、うれしくてたまりませんでした。今度《こんど》は、弟にも作ってあげようと思います。
(2)今朝は、楽しみにしていたあさがおの花が、一つさきました。むらさき色の大きい花でした。

考え方

1 まず、「。」(句点《くてん》)のつく文の前にどんな内ようがくるとよいかを考えます。次に、時間的な流れの順《じゅん》にならべます。

2 (4)「一文」とあるので、答えるときには句点まで書きます。(5)「つばめ」「す」の言葉をかならず使って、字数内でまとめます。

そうふく習テスト①　122〜123ページ

1 (1)イ　(2)ウ　(3)イ
(4)(れい)シロが、大切にしている人形をかんでいたから。

2 (1)たたみました　(2)お金は
(3)言いました　(4)できません
(5)出かけました

3 (1)開く　(2)向ける　(3)投げる
(4)平ら　(5)悲しい　(6)助ける
(7)集まる　(8)流れる　(9)幸せ
(10)落とす　(11)表す　(12)苦しい

4 (1)のうそん (2)ほうそう (3)あんてい (4)どうわ (5)きゅうそく (6)ちゅうい (7)たにん (8)きもの (9)びょういん (10)えきまえ (11)はんたい (12)やきゅう (13)やね (14)しょうひん (15)かいがん

5 (1)ても (2)が (3)ながら

6 (1)エ (2)ア (3)イ (4)ウ (5)オ

7 (れい)(1)母に注意《ちゅうい》され、ぼくはしぶしぶ部屋《へや》のかたづけをした。
(2)小鳥は、木のえだを集《あつ》めて、せっせとす作りをしている。

考え方

7 「しぶしぶ」は「いやいや」、「せっせと」は「休まず、いそがしく行う様子」の意味です。この意味に合うように、主語、述語《じゅつご》を考えて文を作ります。

そうふく習テスト② 124～125ページ

1 (右から)(1)1・3・2 (2)3・2・1 (3)1・3・2 (4)3・1・2

2 運動・当番・石油・整理・医者・神社

3 (2)一つ~~づ~~つ→ず (3)お~~う~~きい→お
(6)ね~~い~~さん→え

4 (れい)(1)五まいになった
(2)たがいちがいに生えている
(3)ざらざらで、細かい毛が生えている
(4)ぎざぎざになっている

5 (1)①小さな茶色の芽 ②まるい芽
(2)それともう

6 (右から)4・1・3・5・2

7 (1)bêsubôru
(2)kyûkyûsya (sha)
(3)ten'in
(4)kekkonsi (shi) ki
(5)Aruzenti (chi) n

考え方

1 (1)一字目が同じなので、二字目でくらべます。(2)三字目でくらべます。(3)ひらがな→かたかなの順《じゅん》、清音《せいおん》→濁音《だくおん》の順にならんでいます。(4)かたかなの長音は、その前の音を長くのばしたときの母音におきかえて考えます。

7 (1)・(2)のばす音のしるしをわすれないように注意します。(3)「tenin」(てにん)としないように注意します。(5)国名・地名や人名は、はじめの文字は大文字で書きます。

そうふく習テスト③ 126～128ページ

1 (1)手でつかんで食べていた。
(2)おはし・フォーク・ナイフ
(3)スプーン(れんげ)
(4)イ・ウ (5)エ

2 (1)(主語・述語の順《じゅん》に)①イ・カ ②ウ・カ ③ウ・カ
(2)ア (3)エ・オ

3 (1)取る・分ける (2)聞く・返す
(3)話す・かける (4)運び出す
(5)投げつける

4 旅→族・想→相・注→柱・新→真

5 (1)「このおててにちょうどいい手ぶくろ、ください。」
「先にお金をください。」
(2)(れい)きつねの手が、手ぶくろをくださいと言うから。
(3)かち合わせてみると、チンチンとよい音がしたから。
(4)(れい)人間はきつねを鉄《てっ》ぽうでうったり、つかまえたりするから。

考え方

1 (3)文中にその名前は出ていませんが、「しるのあるもの」ですから、ふだん使っている食器の中から、スプーンやれんげを思いうかべましょう。(4)前の段落《だんらく》の中の「……くふうするようになった」「……くふうをしてきた」という言い方に注目しましょう。

5 (4)答えの(れい)のほか、「お母さん自身が、人間におそろしいめにあわされたから。」のような答えでもよいです。